Kinder-Dorf-Momente

Für Mutti, die in ihrer Kittelschürze stets ein Taschentuch für mich bereit hielt und für Vati, der für uns den Riesen Monkeponkedu lebendig werden ließ.

Anja Martens

Kinder-Dorf-Momente

Bibliografische Information der Deutschen Nationalbibliothek:
Die Deutsche Nationalbibliothek verzeichnet diese
Publikation in der Deutschen Nationalbibliografie;
detaillierte bibliografische Daten sind im Internet
über http://dnb.dnb.de abrufbar.

Covergestaltung: Andreas Seelbach

Herstellung und Verlag: BoD – Books on Demand,
Norderstedt.
ISBN: 9783746068770

Vorwort..7

Heimkehr 9

Das Haus an der Ecke 17

Hände..21

Spinnstunden 24

Schwestern 29

Gerüche 35

Westbesuch 39

Die Lügenbank 44

Das Haus Nr. 7...50

Der Ernst des Lebens 60

Russendisco 68

Die Bremserin 73

Geheimnisse 80

Der erste Geiger...85

Sitten und Bräuche 94

Kindheits- Soundtrack..100

Nachbarn und Besuche 109

Vorwort

Alles beginnt mit einer Fahrt der Autorin, die heute hauptberuflich als Krankenschwester im Norden Schleswig-Holsteins arbeitet, durch eine weiße Winterlandschaft. Zurück in ihre Heimat in Sachsen-Anhalt, in das Dorf ihrer Kindheit. Es wird eine Reise in eine Welt, wo die Uhren noch anders ticken, wo die Zeit zum Teil stehen geblieben scheint. Aber gleichzeitig jedes Haus, jeder Winkel Erinnerungen weckt. Schönes, Lustiges und auch Trauriges lebt so wieder auf.

Anja Martens, selbst fünffache Mutter, denkt an ihre Familie, in der sie eine behütete und vielfältige Kindheit erlebte. An Freundschaften, die bis heute Bestand haben und sie erinnert sich an Gerüche und Melodien, die alle mit bestimmten Momenten ihres Lebens verknüpft sind. In warmen Worten versteht es Anja Martens, die Leser mit auf ihre Reise in die Vergangenheit zu nehmen. Sie in eine Zeit zu entführen, als in den 70er Jahren, in Naundorf bei Wittenberg, noch niemand an einen Fall der Mauer zu denken wagte. Liebevoll erweckt die 51-Jährige die Bewohner des Dorfes zum Leben und lässt in kleinen Anekdoten den Leser zu ihren Mitbewohnern werden.

Ulrike Gawande

Heimkehr

Fahrt durch die weiße Winterlandschaft. Reise in eine andere Welt. Hier ticken die Uhren noch anders, keine Räumfahrzeuge weit und breit. Das Auto schleicht vorsichtig auf verschneiten Straßen, vorbei an Lüttchenseyda. Ich halte die Luft an, hier fuhr ich jedes Jahr zu meiner Schulfreundin Heidrun zum Geburtstag, deren Lieblingsblumen Pantoffel-blumen waren und wo wir „Viereckenraten" spielten. Ihr Pony hieß Ute und wir ritten zu dritt auf dem armen Tier, wollten "Pippi Langstrumpf", Tommy und Annika sein....Wir fahren weiter, durch Seyda. Hier wartete ich oft an der Feuerwache auf den Schulbus.

Die Wände der Feuerwache waren vollgeschrieben mit Begriffen, die ich erst viele Jahre später verstand.

Sofort ist der Gummigeruch des Busses in meiner Nase. Ich möchte halten an unserer alten Schule. Vati biegt ab in die kleine Gasse und plötzlich steht sie da, versteckt, eingezäunt, altehrwürdig. Ich kann einen kleinen Blick auf den Schulhof erhaschen.

Es scheint mir alles so gegenwärtig, so nah. Sehe mich mit meinen Schulfreundinnen Gummitwist oder „Himmel und Hölle" spielen.

Im Sommer wurden die Außentemperaturen genauestens beobachtet, da wir Kinder alle sehnsüchtig auf „Hitze-frei" hofften. Die erste Erdbeertorte am 17.Juni, dem Geburtstag meiner Schwester, gab es etwas früher durch „Hitzefrei"! Ich schieße ein paar Fotos und werfe einen Blick auf die Kirche neben der Schule. Hier rauchten die größeren Jungs heimlich und fühlten sich erwachsen. Ich steige ein und kurze Zeit später sehe ich das Schild "Naundorf 2 km". Mir wird warm ums Herz, Birken säumen die Straße. Ich steige am Ortseingangsschild aus, während Mutti und Vati schon vorfahren zum Kaffeetrinken zu Lehmanns.

Gedankenverloren fotografiere ich unsere Bushaltestelle. Hier fuhr ich jeden Morgen mit dem Schulbus los. Oma wohnte gleich gegenüber und beobachtete uns Schulkinder, sah mit den Ellenbogen aus dem Fenster gelehnt zu. Praktisch diese Nähe, wenn man schnell mal auf die Toilette musste...

Lars mit Turnschuhen, auf denen Elvis stand, Antje, die Bürgermeistertochter, selbstbewusst und groß gewachsen, Angie, meine Buddelkastenfreundin, meine Zwillingscousine und mein Zwillingscousin, unzertrennlich, ein eingeschworenes Team. Palli, mein einziger Mitschüler, Akka,....Gedanken schweifen zurück. Akka, der kleine Bruder meiner Freundin, fast täglich fuhr er in schnellem Tempo, mit dem Fahrrad durch das Unterdorf, begleitet von imitierten

Autogeräuschen: "Ön, ön". Es kam vor, dass er in den Ferien verreiste. In diesen Zeiten meinten meine Eltern spaßeshalber, dass sie gar keinen richtigen Mittagsschlaf halten könnten, da ihnen das vertraute "Ön, ön" fehlte.

Mein Blick fällt erneut auf das kleine Wartehäuschen. In Gedanken beame ich mich zurück, sehe meine früheren Mitfahrer, die mit mir jeden Tag, Woche für Woche, Jahr für Jahr, auf den Schulbus warteten.

Ich gehe an der Kirche vorbei, an der Friedhofsmauer entlang, wo meine Schritte vom Schnee verschluckt werden. Die alte Schmiede erkenne ich kaum wieder, denn Angie ist zurückgezogen und hat viel Zeit und Geld in einen Umbau investiert. Ich möchte zur Lücke, diesem schmalen Weg zwischen zwei Mauern, der auf mich immer geheimnisvoll und mysteriös wirkte. Sie hat sich nicht verändert, ist begehbar und nicht zugewachsen. Aus der Ferne höre ich vereinzelt ein paar Stimmen, ansonsten Stille, dörfliche Idylle. Endlich biege ich in das Unterdorf ein.

Rechts liegt wie eh und je die Kneipe, Gasthaus Müller. Hier wurde Fassbrause gezapft, trafen sich die Männer sonntags zum Stammtisch, erfolgten Filmvorführungen in den Ferien, Filme mit Louis de Funes und der Olsenbande. Außerdem feierten wir Kinderfasching.

In meiner Erinnerung wühlend fällt mir wieder der „Partykracher" "Da sprach der alte Häuptling der Indianer ...", ein. Lächelnd gehe ich weiter. Eine für mich unbekannte Frau schippt Schnee vor dem Haus von Lisbeth Schmidt. Ich möchte ein Foto von diesem Haus machen, mit dem mich so manches verbindet.

Lisbeth Schmidt, genannt Fräulein Schmidt, war unsere Dorfkatechetin. Bei ihr besuchten wir wöchentlich die Christenlehre. Sie war es auch, die das jährliche Krippenspiel mit uns einstudierte. Eine tragende Rolle, im wahrsten Sinne des Wortes, war für mich in einem Jahr, der Wegweiser nach Bethlehem. Fräulein Schmidt war winzig und konnte trotzdem bissig sein. Mein Opa zog sie regelmäßig auf, wusste, welchen imaginären Knopf er drücken musste, und dann ging sie hoch wie eine Rakete. Zurück in die Gegen-wart. Die Schnee schippende fremde Frau wirkt nicht begeistert von meinem Fotografierwunsch. Sie ruft etwas unfreundlich: "Aber nicht mit mir!" Ich kenne sie nicht, warum sollte ich sie fotografieren wollen? Ich werfe einen kurzen Blick auf die andere Straßenseite, auf das Haus Nummer 7, wo ich aufwuchs und meine Kindheit verbrachte und das ich bis zu meinem 17. Lebensjahr mein Zuhause nannte.

Ich mag nicht länger hinsehen, denn es wirkt marode, ungepflegt und verfallen. Danach zieht es mich unweigerlich zum Dorfteich, der ebenfalls von Schnee bedeckt ist. Verwundert bleibe ich unter der alten

Trauerweide stehen. Sie hält nach wie vor die Stellung, als wären inzwischen nicht 30 Jahre vergangen. Der Teich wirkt unberührt, zeigt keine Fußspuren. „Ob es hier überhaupt noch Kinder gibt, die Schlittschuh laufen oder mit den Holz-Bobs fahren?", schießt es mir durch den Kopf. Durchgefroren klingle ich bei Lehmanns.

Meine ganze Kindheit hindurch ging ich in diesem Haus ein und aus, denn einen Kindergarten besuchte ich nur in Erntezeiten. An den anderen Tagen, in jeder freien Minute, lief ich zu Lehmanns. Tante Lehmann war mein Zufluchtsort. Morgens, wenn ich mich langweilte, musste ich zu ihr, wo sie mich in ihrem alten Nähkasten wühlen und mit Knöpfen spielen ließ.

Der braune, hölzerne Nähkasten verwandelte sich in meiner Phantasie zu einer Kasse und die Knöpfe zu Geld. Ich liebte ihre Wandschränke, die ich mit der Wohnzimmertür so auf-klappte, dass ein kleines Kämmerchen für mich entstand. Hier lebte ich mit Puppenkindern, kochte Suppe, putzte ich eifrig und sorgte für Ordnung. Ich wartete auf die Söhne des Hauses, die schon längst erwachsen waren, erwartete sie wie eine kleine Hausfrau.

Sie spielten einfach mit und schienen nicht genervt, so dass ich mich in ihre Familie hineingenommen und dazugehörig fühlte. Hannchen, meine Patentante, arbeitete schon längst als Krankenschwester und gründete ihre eigene Familie. Ihr Bruder Otto studierte auswärts, Heinz arbeitete in der Landwirtschaft und Horst, der Jüngste, begann eine Ausbildung. Als Horst mit 18 Jahren durch einen Arbeitsunfall starb, war ich untröstlich. Alpträume verfolgten mich wochenlang. Dies alles geht mir durch den Kopf, als ich etwas aufgeregt auf das Öffnen der Tür warte. Schritte nähern sich, ein freudestrahlender Heinz, inzwischen mit grauem Bart, kommt mir entgegen.

Auch nach all den Jahren, denke ich, bin ich willkommen- welch ein Geschenk.

Das Haus an der Ecke

Heute ist der 11.Januar. Meine Gedanken gehen zurück in die Vergangenheit. Der elfte Januar war immer der Tag, an dem bei Oma im Haus der Weihnachtsbaum abgeschmückt wurde, denn an diesem Tag feierte sie ihren Geburtstag. Zu diesem wichtigen Ereignis marschierten meine Eltern, meine Schwester und ich vom Unterdorf in das Haus meines Onkels, in dem meine Oma Lydia ein kleines Zimmer bewohnte und statteten ihr den obligatorischen Geburtstagsbesuch ab.

Das runde Gesicht, die kräftige Statur und die zu einem Dutt hoch gesteckten Haare meiner Oma sind mir bis heute in guter Erinnerung geblieben. Oma Lydia putzte mit Liebe, Perfektion und Leidenschaft die eigenen Schuhe und die der sechsköpfigen Familie. Ich weiß bis heute nicht, welche geheimen Tricks oder Hausmittel sie anwendete. Nie wieder sah ich so glatt gewienerte Schuhe, obwohl mein Vater ähnlich glänzendes Schuhwerk zustande bringt.

Morgens sah sie oft schon aus ihrem Fenster hinaus und beobachtete das Geschehen an der gegenüberliegenden Bushaltestelle. Von dort aus stürmte ich so manches Mal mit unserer Nachbarstochter in das Haus an der Ecke. Diese wurde des Öfteren von heftigen Panikattacken und Schul-ängsten geplagt, verbunden mit starker Übelkeit. So steuerte sie geradezu die Toilette an, rannte den Flur hinunter, verschwand für einige Minuten und eilte wieder hinaus zur Bushaltestelle. Stunden später hatte sich diese Angst - wie durch Zauberhand- aber in Luft aufgelöst und sie winkte mir fröhlich zu auf dem Schulhof.

In dem Haus an der Ecke feierten „die Zwillinge" jährlich ihren Geburtstag, zu dem auch ich eingeladen wurde. Mein Zwillings- Cousin erhielt stets Strümpfe, Süßigkeiten und eventuell etwas Geld, die Präsente seiner Schwester fielen dagegen etwas abwechslungsreicher aus. An die Geburtstage selbst erinnere ich mich kaum, nur daran, dass es zum Abendbrot alljährlich „Ei-Stulle" und Gürkchen gab und wir den Abschluss der Feier ewig hinauszögerten durch verschiedene Variationen des legendären "Stopp-Essens".

Die Decke des Hauses wirkte ausgesprochen niedrig, so dass ich den Eindruck gewann, dass die Erwachsenen nur die Arme ausstrecken müssten, um sie zu berühren. Zum Haus an der Ecke gehörte ein Garten, in dem wir manchmal spiel-ten. Besonders reizvoll erschien mir dort ein hoher Baum, an dem eine Schaukel befestigt war, mit der ich in meiner Vorstellung fast den Himmel erreichte.

Mehrmals im Jahr besuchte uns Onkel Richard aus Westberlin. Damals mussten wir auch samstags zur Schule gehen. Ein absolutes Highlight ereignete sich, als er all die Kinder seiner Cousins, mit seinem komfortablen Mercedes, von der Schule abholte, in dem sich schon seine drei eigenen Kinder befanden. So quetschten wir uns zu zehnt in das wunderbar nach "Westauto" riechende Gefährt. Sicherheitsgurte existierten nicht und so lagen wir schichtweise auf der Rückbank. Niemanden wollte sich diese einmalige Chance entgehen lassen.

Meine zwei Cousinen konnten rennen, was das Zeug hielt und erzielten Höchstwerte in allen Kategorien der Leicht-athletik. Dieses sportliche Talent lag leider nie in meinen Genen. In einem meiner immer wiederkehrenden Alpträume zogen alle meine Mitschüler beim jährlichen Sportfest an mir vorüber, während ich mich wie in Zeitlupe bewegte und vergeblich versuchte, den Vorsprung zu verringern. Die Realität zeigte niederschmetternde Parallelen. Beim Weitsprung konnte ich ausmessen, was ich wollte, ich übertrat das Sprungbrett regelmäßig. Bis heute ist mir die sogenannte Kunst der „Sprungvorbereitung" verborgen geblieben. Wie bewunderte und beneidete ich meine sportlichen Cousinen vom Haus an der Ecke!

Am Ende der Schulzeit, als meine Sportnote meinen Zensuren-Durchschnitt bedrohte, übte die jüngere der beiden mit mir, sie trainierte mich in allen Disziplinen unermüdlich, konsequent und motivierend. Sie verstand es, mir Mut zu machen, mich als nicht gänzlich unsportlich zu empfinden und ihr Einsatz lohnte sich!

Das Haus an der Ecke ist nun unbewohnt. Ab und zu stromert eine Katze über das Gehöft und durchstreift Garten und Hof. Sicher vermisst sie das einstige geschäftige Treiben. Wenn die Mauern doch erzählen könnten!

Hände

Ich lunzele in den Kinderwagen und sehe mir den neuen Erdenbürger an. Ich kann nicht anders und halte dem Nachwuchs meinen Zeigefinger entgegen und schon fasst eine winzige Miniaturhand, warm und vertrauensvoll, nach mir.

Solange ich zurückdenken kann, übten Hände auf mich eine magische Anziehungskraft aus. Tante Lehmann, die mit ihren Händen immer irgendetwas schälte, nähte, kochte, entsteinte. Die knorrigen, versteiften Finger von meinem Opa Richard, der bei uns im Haus wohnte. Die Hände meiner Mutter, die ängstlich, sich um mich sorgend, beim Überqueren der Straße nach mir griffen oder die Kuchen kneteten ohne Rührgerät. Ich sah ihr staunend beim Zubereiten des Kuchens zu und in mir wuchs die traurige Gewissheit, dass ich mit meinen dünnen Ärmchen nie würde Kuchen backen können. Riesige Hände segneten uns sonntags in der kleinen Dorfkirche durch unseren Pfarrer. Sich aus der Kanzel beugend, breitete er seine flügelähnlichen Arme über uns.

Die Hände meines Vaters haben sich mir besonders eingeprägt. Sie sind für mich der Inbegriff von Zärtlichkeit, groß und warm. Wenn er seinen Arm um mich legte, waren alle Ängste und Sorgen nur noch halb so schlimm. Wenn ich meine Hand in seine schob, fühlte ich mich geborgen.

Die obersten Glieder seiner Daumen weisen eine Besonderheit auf, sie können bis in die Waagerechte umgeknickt werden. Alle Kinder und Enkelkinder bewunderten diese "Mutation" und wurden dem Daumenknick-Vererbungstest unterzogen.

Morgens setzten meine Schwester und ich uns vor den Ofen im Wohnzimmer und dann zog er uns einen schnurgeraden Scheitel, da unsere Mutter immer meinte, sie bekäme das nicht so gut hin. Im Nachhinein denke ich aber, dass sie es genauso gut konnte, meinem Vater aber Möglichkeiten verschaffen wollte, etwas für seine Töchter zu tun oder viel-leicht auch, um ihm positive Aufmerksamkeit zu schenken. Abends rollte er meine Schwester und mich von unseren Bettdecken herunter und wir kicherten vergnügt, verlangten, dass er es noch einmal und noch einmal wiederholen sollte. Anschließend steckte er unsere Bettdecken fest und strich uns zärtlich über das Gesicht.

Weihnachten zauberte er, als alle offiziellen Geschenke überreicht waren, hinter seinem Rücken so manche Überraschung hervor. Er liebte es, wenn wir Mädchen ihm um den Hals fielen. Flink und geschickt spielte er bei nächtlichen Festumzügen auf dem Akkordeon. Manchmal holt er auch heute noch dieses alte Instrument heraus und fliegt mit seinen Händen, erstaunlich für sein Alter, über die Tasten.

Meine Schwester und ich wurden in unserer Kindheit liebe-voll von diesen Händen gestreichelt, umarmt, begleitet. Pflanzen jeglicher Art gedeihen bis heute unter seinen Händen wie in einem Gewächshaus und ich sehe, wie sie nun die Hände meiner Mutter suchen und festhalten, wie sie gemeinsam auch diese Wegstrecke gehen.

Spinnstunden

Ich sitze an meiner Geburtstagstafel, da klingelt das Telefon und meine Kinder halten mir den Hörer an das Ohr. Es ist meine Buddelkastenfreundin Angie, meine Begleiterin durch Kinder- und Jugendtage. Unwillkürlich wandern meine Gedanken zurück.

Tante Astrid, Angies Mutter, traf sich des Öfteren mit meiner Mutter zum Kaffeetrinken. Wenn ich aus der Schule nach Hause kam, zog an diesen Tagen ein köstlicher Kaffeeduft durch das Haus, ich hörte Frauenstimmen und so-fort spürte ich, wie eine gewisse Anspannung von mir abfiel. Manchmal wurde Tante Astrid begleitet von ihrer Tochter Angela, die ein Jahr älter war als ich. Ich kann nicht sagen, wann wir Freundinnen wurden, wann wir begannen, gemeinsam zu spielen.

Wir verbrachten auch nicht jeden Tag zusammen, aber wenn wir spielten, genoss ich das sehr, tauchten wir ab in irgendwelche Phantasiewelten. In Angelas Haus, dem Geburtshaus meiner Mutter, befanden sich auf dem Dachboden mehrere auf dem Boden schleifende Vorhänge, die durch Zuziehen kleine Räume bildeten, ein herrlicher Ort, um "Mutter, Vater, Kind" zu spielen.

Wir fanden Steine und zerschlugen sie. An den aufge-sprungenen Seiten glänzten sie geheimnisvoll und so glaubten wir, wir hätten echtes Gold gefunden.

Die Tage der Kindheit schienen endlos, Zeitlosigkeit umgab uns. Bei uns auf dem Hof gab es mehrere ver-schlossene Kammern, die niemand mehr nutzte. Ei-nes Tages wollten meine Freundin und ich uns dort ein neues Zuhause einrichten. Wir öffneten die knar-zende Tür- bewaffnet mit Lappen und Besen - und putzten wie wild. Wir schoben alte Möbel hin und her und wollten gerade beginnen, Phantasie-Essen zu kochen, als Angela aufschrie. In einer Ecke befand sich ein regelrechtes "Spinnennest", so rannten wir kreischend mit dem Nötigsten hinaus, schmissen die Tür zu, drehten den Schlüssel herum, um uns in Si-cherheit zu bringen. Bis zum heutigen Tag haben wir diese Kammer nie wieder betreten.

Am allerliebsten jedoch spielte ich mit Angela Ver-kleiden. Der größte Schatz meiner Kindheit bestand aus alten Petticoat-Kleidern meiner Mutter, Bolero-Jäckchen, langen Kleidern meiner Oma, Schürzen und einer alten Regenhaube, die mich an die Kopfbede-ckungen der Serie "Unsere kleine Farm" erinnerten. Stundenlang erfanden wir Geschichten oder spielten dramatische Filmszenen nach. Mit Kleidern, auf die wir wegen Überlänge traten, umkreisten wir unseren Dorfteich und fühlten uns wie feine Damen, obwohl es so gar nicht elegant wirkte, wenn wir die viel zu großen Kleider mit Schnüren nach oben zogen. Einige dieser Kleider überlebten viele Jahre, manche kamen sogar später noch bei Theaterauftritten meiner Kinder zum Einsatz.

Angela und ich spielten im Sommer bis zur Dämmerung auf den leeren Straßen Federball und versuchten, neue Rekorde aufzustellen. Manche Wochen verbrachte sie im sogenannten Ferienlager, aus dem sie mir lustige Briefe schrieb, in denen sie von Streichen zwischen Mädchen und Jungen berichtete. Im Winter fuhren wir mit den anderen Dorfkindern auf einem unserer Teiche Schlittschuhe, wobei die Ostvariante aus Gummistiefeln mit Schraub-Schlittschuhen bestand, welche man alle paar Minuten verlor und wieder neu festschrauben musste.

Wir wurden älter. So kam es, dass Angela sich in einen jungen Mann verliebte, der gut zeichnen konnte. Sie schrieb seinen Namen 100 mal mit Lippenstift an ihren großen, im Jugendzimmer stehenden Spiegel. Stundenlang meditierten wir vor irgendwelchen Gegenständen, die wir zeichnen wollten. Ich machte alles mit, obwohl meine Zeichenkünste auf dem Niveau eines Drittklässlers stagnierten. In den Ferien reisten wir mit dem Bus nach Wittenberg.

Wittenberg kam mir damals wie eine Großstadtmetropole vor. Für uns Dorfkinder wirkte alles wie ein Abenteuer und roch nach der großen weiten Welt.

Auf einem dieser Ausflüge kaufte Angela ihren ersten eigenen Gummibaum, den sie auf der Heimfahrt immer wieder glücklich und theatralisch umarm-te. Irgendwann kam Angela in eine „Revoluzzer-Phase".

So forderte sie mich als "brave", eher angepasste Schülerin heraus, provozierte mich. Ich machte mir damals wenig Gedanken um DDR, Militär, Staatssicherheit, wahrscheinlich, weil ich bis dahin nie wirklich betroffen war, keine Repressalien erlebt hatte. Angela lehnte zum Beispiel den GST-Unterricht (Gesellschaft für Sport und Technik) ab. Während wir anderen Schüler diesen vormilitärischen Unterricht besuchten, verweigerte sie diesen und zupfte stattdessen währenddessen Unkraut im Schulgarten. Ich entdeckte eine ganz neue, etwas verwirrende Seite an meiner Freundin. Sie ritzte John Lennons Namen in die alten Schulholzbänke, trug vorrangig schwarze, alternative Kleidung mit dem verbotenen Aufnäher "Schwerter zu Pflugscharen" und umgab sich mit Gleichgesinnten. Ich hinkte etwas hinterher mit meinem eher noch kindlichen Wesen. Die Zeit verging und Angela begann ihre Ausbildung in Wittenberg und gründete bald ihre eigene Familie. Wir gingen unterschiedliche Wege, trafen andere Menschen, die uns wichtig waren, entwickelten verschiedene Interessen. Es gab Zeiten der großen Nähe und Zeiten der Distanz. Ich wurde Patentante bei ihrer ersten Tochter, sie besuchte mich mit allen Kindern in den Ferien, wenn sturmfrei war.

All das geht mir durch den Kopf, als sie mich anruft. In Gedanken sehe ich sie vor mir, wie sie mich an meinem 15. Geburtstag aus dem Bett wirft und mir ein selbstgenähtes Samt-Haarband schenkt. Ich blicke in meine heutige Geburtstagsrunde. Auch wenn andere, mir lieb gewordene Menschen hier sitzen, die "Spinnstunden" mit Angela wer-den immer ein Teil von mir sein.

....und ich bin dankbar für diese Freundschaft, denn durch alle Veränderungen hindurch haben wir uns nie ganz aus den Augen verloren.

Schwestern

Ich will schlafen und kann nicht. Aus dem Wohnzimmer dringen Fernsehgeräusche. Doch das ist es nicht, was mich nicht zur Ruhe kommen lässt. Neben mir liegt meine drei Jahre ältere Schwester, die mir in den Ohren liegt mit seltsamen, unsinnigen Verszeilen, die ich unbedingt auswendig lernen soll, da sie mich sonst nicht schlafen lassen wird. Im Halbschlaf, genervt und mich meinem Schicksal ergebend, wiederhole ich ihre selbst erdachten poetischen Ergüsse. Nun setzt sie dem Ganzen noch eine Krone auf, ich muss ins Wohnzimmer und dieses "Gedicht" unseren Eltern vortragen und beim letzten Wort soll ich niederknien - ansonsten würde es nicht zählen. Schlaftrunken schleppe ich mich ins Wohnzimmer, stelle mich vor den Eltern auf und trage das Gedicht vor. Bis heute sind die Worte in mein Gedächtnis eingebrannt, auch wenn sie so gar keinen Sinn erkennen lassen: "Flatterdiflu, flatterdiflu, flatterdiflusa, (Hier musste ich die Arme wie Flügel auf- und abschlagen) tätäteretete, flusina (Hier kniete ich nieder). Meine Eltern guckten etwas verwundert und ich trottete müde wieder zu meinem Bett, wo ich in Nullkommanichts einschlief.

Meine Schwester Ines und ich wuchsen im selben Haus auf, schliefen sogar viele Jahre im selben „Ehebett".

Sie war meine schöne, große Schwester und erschien mir perfekt mit ihrem fein geschnittenen Gesicht und den dicken langen Haaren. Außerdem bewunderte ich ihr Selbstbewusstsein und ihre heitere Gelassenheit. Wenn ich mich grübelnd und hochsensibel mit Personen und Situationen auseinandersetzte, fegte sie mit ihrer Sachlichkeit alle Ängste und Bedenken weg. Sie konnte von Lachkrämpfen der besonderen Art geschüttelt werden, die in unserer Familie den Begriff "Ottel-Phase" prägten und sie besitzt bis heute die Fähigkeit, passende Spitznamen zu erfinden.

Die erste bewusste Erinnerung, die mit ihr zu tun hat, war ein Weihnachtsfest. Ich guckte manchmal aus Neugierde in die Schlafzimmerschränke unserer Eltern. Dort fand ich künstliche Haarteile, alte Handtaschen und Portemonnaies und viele andere interessante Dinge und eines Tages, in der Adventszeit, einen Globus. Ich hatte so einen „Ball" noch nie gesehen und wusste erst recht nicht, wie man so etwas nennt. Kurze Zeit später sah ich in unserer Zeitung genau so einen „Ball" und sagte arglos zu meiner Schwester: "Guck mal Ines, so was kriegst du zu Weihnachten!". Sie schimpfte mit mir, weil nun jede Überraschung und Vorfreude auf das Weihnachtsfest sinnlos geworden war.

Im Sommer fuhren wir regelmäßig mit unseren Eltern gemeinsam in den Urlaub. Auf den langen Fahrten zur Insel Usedom spielten wir stundenlang "Krieg und Frieden" und später sprangen wir um die Wette in die kalten, tosenden Ostseewellen. Anschließend kuschelten wir uns in warme Decken und stillten unseren Heißhunger mit selbstgebackenem Rührkuchen.

Ines las nie gern. Wenn es sie aber einmal packte, perfektionierte sie auch dieses Hobby. Sie stapelte neben unsere Betten nicht nur alle Kinderbücher, die sie von oben bis unten durcharbeiten wollte. Nein, sie fing beim Literaturbuch aus dem Unterricht an, woraus sie nun täglich laut vorlas. Meistens ließ sie das Vorhaben aber schon nach kurzer Zeit wieder fallen.

Sie war es, die mich "Wuschel" taufte und mit Vorliebe meine Pubertätspickel bearbeitete.

Neben uns wohnten Hartmanns. Meine Schwester besuchte die selbe Klasse wie unsere Nachbarstochter Angelika, mit der sie eine Freundschaft verband. An manchen Tagen wurde ich als Postbote für Briefchen eingesetzt, die zwischen den beiden hin- und herflatterten. Manchmal plagte mich die Eifersucht und ich fragte meine Schwester, ob sie mich denn lieb hätte. Natürlich liebte sie mich und ich bin mir hundertprozentig sicher, mehr als Angelika, ihre Freundin. Trotzdem antwortete sie, wie nur Geschwister das tun, nicht so, wie ich es erhoffte. Sie zeigte mir eine winzige Fingerspanne: "So lieb hab ich dich!". Danach riss sie die Arme weit auseinander: "...und so lieb hab ich Angelika!"

Damals gehörte es zu den wunderbarsten Dingen, im Inter-shop, mit "Westgeld", einkaufen zu können. Ab und zu wurde uns eine D-Mark zugesteckt und dann fuhren wir nach Wittenberg, auf einen Hinterhof, wo dieses Gebäude stand. Dieser Duft, wenn man den Laden betrat, war unbeschreiblich.

Ines kaufte sich nach langem Sparen dort eine Jeans-weste, die ich heiß begehrte. Zu gern wollte ich sie auch einmal tragen und sei es nur für einen Tag! Selbstverständlich gab es dieses Privileg nicht um-sonst- wie unter Geschwistern üblich. Meine Schwes-ter liebte es, wenn man ihren Arm kitzelte. So kam es, dass ich während eines Spielfilmes die gesamte Laufzeit, es war auch noch ein Film mit Überlänge, ihren Arm kitzeln musste, um das Objekt meiner Be-gierde einen Tag tragen zu dürfen. Ich erinnere mich nicht mehr an das Tragen dieses Kleidungsstückes, nur noch an die endlose Zeit des Kitzelns während des Spielfilmes.

Irgendwann bekam sie eine gebrauchte Levis aus dem sogenannten Westen geschenkt. Diese saß et-was sehr eng, was auf jeden Fall besser als zu weit war. Das Bild meiner fast am Esstisch liegenden Schwester hat sich für immer in mein Gedächtnis eingebrannt.

Wir lebten mit Opa Richard in einem Haus, bei dem sich die Altersdemenz zusehends verstärkte. Immer und immer wieder löcherte er uns mit Fragen, ob der Hühnerstall zu sei, ob der Schweinestall zu sei, wo unsere Eltern seien und so weiter. Irgendwann wussten wir uns keinen Rat mehr, hatten wir keine Lust und Kraft mehr, die ständig wieder-kehrenden Fragen zu beantworten. Meine Schwester, in ihrer pragmatischen Art, befestigte Zettel mit den entsprechenden Antworten an der Wand über Opas Drehsessel. Wenn er nun fragte, wiesen wir stets auf diese Zettel.

Geschwister sind meistens etwas Wunderbares. Auch wenn man sich streitet, um die Liebe und Aufmerksamkeit der Eltern wetteifert, so sind diese Personen jedoch eng mit uns verbunden, sind sie unsere Brücke in unsere Kindheit, in unsere Vergangenheit. Durch sie lernen wir wichtige Lektionen des Lebens und werden geprägt, ob wir wollen oder nicht.

Der Altersunterschied zwischen meiner Schwester und mir spielt längst keine Rolle mehr und ich weiß, egal, was kommt, unsere Türen stehen füreinander offen.

Gerüche

Ist es nicht merkwürdig, wie Gerüche und Düfte, Gefühle und Erinnerungen hervorrufen können? Der Duft von Freesien weckt beispielsweise die Vorfreude auf Ostern und Frühling in mir.

Frische Pfefferminze erinnert mich an meine Tante Anna, die daraus Tee für uns kochte.

Einer der wundervollsten Düfte ist, meiner Meinung nach, der von Babys. Diese Mischung aus Bebe, Penaten-Creme und Puder löst in mir unweigerlich Zärtlichkeit und Beschützerinstinkt aus. Wenn sich Babys verschlafen und voller Vertrauen an mich kuscheln, sich anschmiegen in ihrer Hilflosigkeit, dann schlägt mein Puls langsamer, werde ich ruhig. Babyduft ist heilsamer als jede Delphin-Therapie.

Meine Nase läuft und ich will an meiner Mutter vorbeihuschen. Sie holt aus ihrer Kittelschürze ein Stofftaschentuch hervor und schnäuzt meine Nase, dabei verströmt das Taschentuch eine spezielle Koch-Back-Kittelschürzen-Geruchsmischung. Bei dem Gedanken an diesen Duft, sehe ich mich, wie ich anschließend ins Bad flitze, stelle mich auf die Kante unserer alten Flurtür und schwinge mich einen Meter nach rechts, steige hinunter zum Badezimmer.
Ich fühle mich bei diesem Schwingen, als ob ich fliege...

Gebeiztes Holz zum Beispiel, löst in mir unwillkürlich ein Sommer-Feeling aus. Ich sehe vor meinem geistigen Auge meine Familie im Gänsemarsch, barfüßig die Sandwege zum Strand hintergehen, vorbei an gebeizten Zäunen. Ich fühle die Hitze des Sandes zwischen meinen Zehen, trage einen Nivea-Ball unter dem Arm und steuere auf unseren gemieteten Strandkorb zu. Salzige Luft einatmend empfinde ich Freiheit, Ruhe und Erholung. Ich begeistere mich für Muscheln und Sandburgen, wie wohl jedes Kind und mein Vater baut für Ines und mich eine Kugelbahn. Zu jedem Strandkorb gehört ein abschließbares Gitter. Dieses platziere ich am liebsten so, dass eine Wohnung für mich entsteht. Wir buddeln bis zum Grundwasser, beugen uns dafür immer tiefer hinab mit den Schaufeln, in die Kühle des Sandloches. Manchmal hüpfen wir hinein und schütten Sand auf unsere Körper. Ich mag das glitschige Stapfen im Grundwasser, ich mag nicht, wenn nur noch mein Kopf herausschaut. Das macht mir Angst und ich fühle mich lebendig begraben, auch wenn mir tausendmal versprochen wird, dass ich wieder befreit werde.

Stundenlanges Spazierengehen am Strand. Da mich Spazierengehen langweilt, werde ich Huckepack genommen auf den Schultern meines Vaters. Irgendwann legen wir eine Pause ein und es gibt eine Waffelmuschel mit Eis. Ich trage hellblaue Sandalen, an denen Ringe befestigt sind, die so vornehm klappern.

Eines Tages, ich bin drei Jahre alt, sammle ich Muscheln. Immer weiter entferne ich mich von unserem Strandkorb. Ich laufe vorbei an Menschen, die splitterfasernackt sind. Verwundert setze ich mich kurz zum Ausruhen hin, beobachte die Nackedeis und laufe dann weiter. Aus dem Lautsprecher höre ich, dass ein kleines Mädchen vermisst wird, drei Jahre, mit braunen Haaren...Irgendjemand spricht mich an, sieht mich allein herumirren und bringt mich, Gott sei Dank, zurück zu meinen Eltern. Ende gut, alles gut.

Der Geruch von Jakobs Krönung oder Palmolive beamt mich in die farbenprächtige Welt eines Intershops zurück. Beim Betreten dieses besonderen Ladens umweht mich der Duft der großen weiten Welt. Ich schließe die Augen, atme tief ein und aus. Es scheint ein Wunderland zu sein, ein Tor zu einer anderen Welt, die uns sonst verschlossen bleibt. Jeans in allen Varianten, Feinstrumpfhosen, Kaffee, Smarties, Schmuck. Alles ist bunt, keine "Nullachtfünfzehn-Ware". Wie sehnen wir uns nach Abwechslung in unseren Einheitshäusern mit Einheitsschrankwänden und Einheits-kleidung. In uns entsteht eine Phantasiewelt, die Vorstellung, dass sich im westlichen Ausland jeder alles leisten kann, was natürlich nicht der Wirklichkeit entspricht. Meine Patentante schenkt mir einen mit Schokolade gefüllten Walt-Disney-Adventskalender, den ich jahrelang benutze, auch mit leeren Türchen.

Von meinem Konfirmationsgeld muss ich mir dort etwas Langweiliges für meine "Aussteuer" kaufen. Welcher Teenager interessiert sich für Besteck mit Rosenmuster? Trotzdem, es ist jedes Mal ein Festtag für mich, wenn ich diese Räume betrete.

Die Postfrau biegt mit ihrem Fahrrad in das Unterdorf ab. Schon von weitem beobachten wir sie und schielen nach dem Gepäckträger, der besonders in der Weihnachtszeit so manche Überraschung bereit hält. Wir stürmen zur Haustür und warten sehnsüchtig auf das Klingeln und noch sehnsüchtiger auf Heiligabend.

In den Wochen vor dem Weihnachtsfest sammeln sich diese verheißungsvollen Päckchen auf dem Schlafzimmerschrank meiner Eltern. Die Tage schleichen nur so dahin. Endlich ist es soweit. Schokolade, Kaffee, Seife und einige andere Dinge kommen zum Vorschein. Aus der heutigen Sicht nichts Besonderes- für uns damals ein Guckloch in eine schillernde Welt.

Immer wieder erzähle ich meinen Kindern von diesen Erinnerungen. Entdecke dabei Parallelen zu unseren Eltern und Großeltern, die uns ihrerseits bis zum Ab-winken aus Kriegs-zeiten berichteten. Ich kann den Lauf der Dinge nicht auf-halten. Trotzdem hätte ich zu gern den Duft von einem Westpaket, gepaart mit der erwartungsvollen, hibbeligen Vorfreude konserviert für die Generationen nach uns.

Westbesuch

Es gibt Momente im Leben, da scheint, die Welt still zu stehen. Alles läuft in Zeitlupe ab, versinkt in Watte.

Kinderschreie dringen zu uns auf den Hof. Wir haben Besuch aus Westberlin. Onkel Richard mit seiner Frau Sigrid, dem Sohn Dirk und den Zwillingen Silke und Torsten.

Dirk kommt angerannt, zieht Onkel Richard mit sich, denn es geht um Leben und Tod.

Wir rennen los zum Dorfteich, sind wie betäubt. Onkel Richard legt nur seine Uhr ab und springt zu der nach Hilfe suchenden, versinkenden Kinderhand. Mir ist kalt, ein Stein liegt auf meinem Herzen. Die Minuten ziehen sich hin. Alle Zuschauer halten den Atem an. Sie stehen nicht aus Sensationslust hier. Sie alle fiebern mit, hoffen und beten, dass alles gut ausgeht. Die leblose kleine Gestalt wird geborgen und wiederbelebt. Kurze Zeit später liegt Torsten, Wasser spuckend, auf unserer Hollywood-Schaukel und alle atmen auf. Vor Erleichterung weine ich, wische mir mit dem Hand-rücken eine Träne weg, denn mein Herz hängt an diesen Kindern.

Seit kurzer Zeit hat Onkel Richard den Kontakt zu seiner Ostverwandtschaft aufgenommen. Fuhr mit Auto, Frau und Kindern vor, packte den Zwillingskinderwagen aus und eroberte uns im Sturm. In dem Moment, wo ich die Zwillinge sah, fand ich meine neue Aufgabe. Ich spielte mit ihnen, fuhr sie mit dem sperrigen Kinderwagen herum und ich wusste, ich bekäme später nur Zwillinge.

Wenn Onkel Richard mit Anhang kam, wurde die Speise-kammer geplündert, Schafe mit Eiern beworfen, die Scheunentore als Fußballtore benutzt. Staunend beobachtete ich, wie mein Onkel einen selbstgebackenen Pfannkuchen mit einem Happs verschlang. Ich war ein Landei und gutgläubig. Wenn Dirk mir von irgendwelchen seltsamen Schulfächern erzählte, glaubte ich ihm alles ungesehen.

Einen meiner peinlichsten Momente erlebte ich bei diesen Besuchen. Irgendwann gingen wir gemeinsam essen in eine Landgaststätte, im Hintergrund lief "Dschingis Khan". Das Essen wurde serviert. Ich zerschnitt das Schnitzel und mit einem Mal flutschte die gesamte Mahlzeit auf meinen Schoß. Mir wurde heiß und kalt und am liebsten wäre ich im Erdboden versunken.

Die Familie meines Onkels brachte Stimmung ins Haus. Wenn wir uns sonst mit unserem Leben in der DDR arrangierten. Die Besuche weckten Sehnsüchte nach einem freien Land ohne Mauern. Bei ihrer Abreise kam regelmäßig Trauer in mir hoch. In diesen Jahren träumte ich immer wieder von einem Tunnel, der mich in das verlockende, fremde Westberlin bringen würde.

Außerdem kam es zu Begegnungen unserer Kirchengemeinde mit der deutschsprachigen Gemeinde aus Haderslev in Dänemark. Meine Mutter lernte auf diesem Weg eine Dänin kennen, mit der sie eine Brieffreundschaft pflegte, Interesse an- und füreinander wurde geweckt. So geschah es, dass eines Tages, in den siebziger Jahren, die Familie Wolffhechel zu Besuch nach Naundorf kam. Ich nannte sie Onkel und Tante, obwohl wir in keinem verwandtschaftlichen Verhältnis zueinander standen, einfach, weil es so üblich war. Die fremde Sprache wirkte auf mich so freundlich und sanft. Ich liebte diese fremdländischen Klänge. Ich denke zurück an laue Sommerabende bei uns im Hof.

Tante Inga singt mit Onkel Helmut die dänische Nationalhymne mit einer gewissen Ehrfurcht in der Stimme. Ich höre sie, wie sie sagt: "Nein, Helmut, so kann man das Lied nicht singen!" Wir unternehmen Ausflüge nach Eisenach, Potsdam, Weimar. Ich fahre natürlich, stolz wie Oskar, im "Westauto" mit, stolz auf meine drei dänischen Sätze und präsentiere sie jedem, der sie hören oder nicht hören will. Onkel Helmut nerve ich ununterbrochen mit dem Klatschspiel "In Polen steht ein Haus" und er ist geduldig ohne En-de. Bei unseren Ausflügen versorgt uns Tante Inga zwischendurch mit der "Prinzenrolle" und mir kommt es so vor, als hätte ich noch nie so etwas Leckeres gegessen. Bei einem dieser Ausflüge vergisst Tante Inga im Auto den Zünd-schlüssel. Die Tür fällt ins Schloss und dies ist wirklich das einzige Mal in all den Jahren, wo Onkel Helmut etwas ärgerlich mit seiner Frau spricht. In einer fremden Stadt, am Wochenende, Auto verschlossen. Ein Fremder schafft auf unkonventionelle Art und Weise, mithilfe einer Schlinge, Zugang zum Auto. Alle sind verblüfft und erleichtert - andererseits auch etwas erschrocken darüber, wie jeder X-Beliebige ein Auto knacken kann...

Ich winke anderen Autofahrern auf der Autobahn zu und wundere mich, dass alle begeistert zurück winken. Hanne, die Tochter, etwas älter als meine Schwester, staunt, dass auf unseren Feldern Kartoffelkäfer zu sehen sind. In Dänemark werden Felder bei der Entdeckung von diesen Schädlingen sofort vernichtet. In einem Marmeladenglas transportiert sie diese Sensation mit in ihr Heimatland.

Einige Jahre später geschieht das Unglaubliche, die Mauer fällt, Familien, die auseinandergerissen waren, liegen sich in den Armen.

Wir durchschreiten Westberlin mit Kinderwagen, bewundern dieses unwirkliche, neue Territorium. Irgendwie bin ich fast ein bisschen erschlagen von der bunten, grellen Welt, von dem Überfluss. Erster Einkauf in der anderen Hälfte Berlins, alles sieht verlockend aus, Neonreklamen leuchten, schließlich kaufen wir das "Spiel des Jahres 1989".

Das erste Mal in meinem Leben klingle ich, völlig real, in Zehlendorf, bei Onkel Richard.

Ich kann es nicht glauben, nicht begreifen, dass mein Kindheitstraum wahr geworden ist.

Die Lügenbank

Eigentlich wohnte nicht Opa bei uns, sondern wir bei ihm, in seinem geräumigen Haus. Der erste Mann meiner Großmutter starb im zweiten Weltkrieg. Einige Zeit später heiratete sie dann Richard Sommer und so bekam meine Mutter einen Stiefvater.

Wenn ich an ihn denke, sehe ich ihn im Wohnzimmer, in seinem schwarzen Ledersessel sitzen oder Mittagsschlaf auf der Hollywoodschaukel im Hof halten. Doch am meisten liebte er es, mit seinen Nachbarn auf der alten Holzbank vor seinem Fenster zu sitzen. Hier war die Zentrale, hier tauschten sich Otto Lehmann, der alten Gastwirt Müller und manchmal auch der Opa meiner Freundin Angela über Dinge des Lebens aus. Hier ließen sie den Tag Revue passieren, hörten sie, wer zugezogen war, redeten sie von zwischen-menschlichen Problemen und werteten diese aus, während sie an den Zigarren pafften.

Mein Opa nannte diese Bank selbstironisch "Die Lügen-bank". Lange hielt ich es nicht in deren Nähe aus, nicht wegen des Redens, denn das interessierte mich alles brennend. Nein, wegen der qualmenden Zigarren, die mich in dichten Nebel einhüllten und in mir Übelkeit auslösten.

Mit Blick auf unsere alten Kastanien und zu Lisbeth Schmidt klönten die alten Herren und ließen den Tag ausklingen. Wenn ich schlafen ging, hörte ich manchmal noch die leisen vertrauten Stimmen, die für mich ein beruhigender Abend-gruß waren.

Otto Lehmann, Tante Lehmanns Mann, lief ununterbrochen mit Zigarre im Mund oder in der Hand herum. Ich stellte mir manchmal vor, wie er einhändig die Schuhe zuband, Mittag aß und vor allem, wie er Jauche fuhr. Das alles musste ungemein anstrengend sein mit nur einer freien Hand.

Der alte Gastwirt begegnete mir, außer auf der Lügenbank, täglich, wenn ich aus der Schule kam. Er war blind und lief an der Stange vor dem Gasthaus unermüdlich auf und ab, ganz ohne Rollator. Es erstaunte mich, wenn er mich an meinen Schritten erkannte und mit mir ein Schwätzchen halte wollte. Einige Jahre später zog der alte Gastwirt zu seinen Kindern. Kurze Zeit darauf erhielt ich eine Ansichtskarte mit einem Gruß von ihm in krakeliger Schrift. Diese Karte hütete ich jahrelang wie einen Schatz. Sie symbolisierte für mich die Zuneigung und Wertschätzung eines alten Mannes.

Mein Opa, Richard Sommer, erzählte, solange ich denken kann, täglich von seinem baldigen Ableben. Da er nach zehn Jahren dieses sich täglich wiederholenden Mantras immer noch in seinem schwarzen

Sessel saß und Mittagsschlaf hielt, schaltete ich bei diesen Worten ab.

Mein Opa rauchte viel und entwickelte einen ziemlich stark ausgeprägten Raucherhusten. Zu meinem Geburtstag suchte er sein restliches Kleingeld zusammen und überreichte es mir, wenig feierlich, in einer Zigarrenschachtel. Er trug meistens verblichene Cordhosen, ein Hemd mit Hosenträgern und eine Strickjacke, da er ständig fror. Diese Dauerunterkühlung hatte zur Folge, dass er alle möglichen heizbaren Utensilien zu Weihnachten oder zum Geburtstag erhielt und allmählich bestens gerüstet war für die Sibirische Kälte.

Reinlichkeit wurde, seiner Meinung nach, überschätzt. Er trocknete seine benutzten Taschentücher auf dem Kachel-ofen, mitten im Wohnzimmer. Ab und zu wusch er sich in einer kaum sichtbaren Pfütze im Waschbecken und tupfte sich dann das Gesicht mit einem Handtuch ab. Er liebte seine Kaninchen und sah mit Vorliebe den „Blauen Bock" und die Rosenmontagsumzüge im Fernsehen und das alles in einer Lautstärke, dass ich mich dem nicht entziehen konnte.

Wenn etwas im Haus fehlte oder etwas kaputt ging, pflegte Opa, den "alten Stöhr aus Hundezoone" dafür verantwortlich zu machen, eine von ihm erfundene Person. Eines Tages steckten meine Schwester und ich eine Ansichtskarte in den Briefkasten, kurz bevor die Postfrau mit ihrem Fahrrad vorfuhr. Mein von Neugier geplagter Opa rannte wie ein Wiesel als Erster zum Briefkasten. Er griff erwartungsvoll zu der Postkarte und las: "Lieber Richard! Ich hoffe, es geht dir gut! Viele liebe Grüße aus Hundezoone sendet dir der alte Stöhr." Trotz Demenz grinste er und sah uns wissend an.

Irgendwann besuchte uns Onkel Hermann aus Berlin, der Kontakte zu den Filmstudios DEFA hatte. Bei diesem Besuch stieg auch ein Farbiger aus dem Auto. Mein Opa konnte es nicht fassen, nahm die Hände des dunklen Mannes und betrachtete sie von allen Seiten. Er schüttelte verwundert den Kopf und sagte: "Watt et allet jiebt!"

In seinen letzten Tagen musste er ins Krankenhaus und löste manche Lachsalven bei meinen Krankenpflege-Mitschülern aus. Die Stationsschwester der Intensivstation beispielsweise sah ihm tief in die Augen und sagte: "Herr Sommer, Sie haben aber schöne graublaue Augen!" Er erwiderte auf Platt, auf ihr vermeintliches Flirten, mit: "Ach, du könnst mej och jefallen!"

Eine zweite Begebenheit fand im Fahrstuhl statt. Ein Mitschüler transportierte Opa zu einer Untersuchung. Im selben Fahrstuhl fuhr ein Mann mit, den Opa nicht kannte. Er fragte den Fremden im weißen

Kittel: "Wer bisten du?" Der Mann in Weiß antwortete: "Ich bin Chefarzt Schmidt!" Für Opa waren alle
Menschen gleich und so sagte er: "Na und, und was
willste hier?"

Mit Opa in einem Haus zu leben hieß, dass wir nie
unbeobachtet aus dem Haus gehen konnten, bedeu-
tete, dass je-der Besucher mit Fragen bombardiert
wurde und Opa am Morgen mit Nachttopf über den
Flur schlurfte.

Es gab Spannungen, wie es sie überall gibt, wo Generationen unter einem Dach leben. Manchmal sehnte
ich mich einfach nach Ruhe, nach Rückzugsmöglich-
keiten, was aber bei einem gelangweilten Senior mit
ausgeprägtem   Informations-Mangel-Syndrom   un-
möglich schien.

Andererseits gehörte seine Anwesenheit einfach dazu. Wenn ich ins Wohnzimmer ging, schweifte mein
Blick automatisch zu seinem Sessel.

Manchmal stelle ich mir meinen Opa im Himmel vor,
wie er auf seiner geliebten Lügenbank, neben seinen
früheren Nachbarn sitzt und Zigarre paffend zu uns
hinunterschaut und sagt: "Watt et allet jiebt!"

Das Haus Nr. 7

Die alte, geschnitzte Holztür fällt ins Schloss. Mein Herz klopft mir bis zum Hals und ich drehe den gusseisernen Schlüssel hastig herum. Ich lausche ängstlich, ob mir jemand gefolgt ist. Nach einer gefühlten Ewigkeit atme ich auf. Ich bin in Sicherheit.

Diese Erinnerung erwacht in mir, wenn ich an das Haus Nr. 7 denke, das Haus, in dem ich aufwuchs. An diesem Tag vor vielen Jahren heiratete meine Patentante Johanna Lehmann, genannt Hannchen. Stunden vorher war die Welt noch in Ordnung. Da sagte ich dem Brautpaar brav ein Gedicht auf: „Ich bin die kleine Gärtnerin". Damals wusste ich noch nicht, dass jede Pflanze in meinem Umfeld ums Über-leben kämpfen würde, dass ich statt mit einem grünen mit einem schwarzen Daumen gesegnet war. Irgendwann stand die Hochzeitsgesellschaft im Kreis, einzelne Paare sollten in die Mitte treten und tanzen. Jemand machte den Vorschlag, dass der Blumenstreujunge Torsten und ich zur Belustigung aller auch in die Kreismitte gehen sollten. Panik erfasste mich, alle Augen schienen auf mich gerichtet zu sein. Ich wollte nicht im Mittelpunkt stehen und schon gar nicht, dass die anderen über mich lachten und so floh ich nach Hause. Quer über die Straße, schnell die Treppe hinauf und Haustür zu!

Ich wohnte schon längst nicht mehr in Naundorf, längst nicht mehr im Haus Nummer 7. Dennoch träumte ich jahrelang davon, wie ich die Haustür öffnete und das Haus meiner Kindheit durchschritt. Diese Träume hörten erst auf, als ich die späteren Hausbewohner um eine Hausbesichtigung bat. Das Haus, das ich nun betrat, erinnerte so gar nicht mehr an mein Zuhause.

Ein Blick zurück. Hinter der Holztür befand sich der Flur mit seinen schwarz gemusterten, mosaikartigen Steinen. An der rechten Seite lag eine Tür, die zu Opas Kammer führte, die er aber fast nie nutzte, denn viel lieber nahm er an unserem Familienleben teil. Ich betrat diese Kammer auch selten, denn sie wirkte kalt und ungemütlich auf mich.

Dort stand sein Bett und darunter sein weiß emaillierter Nachttopf. Die Einrichtung beschränkte sich auf das Nötigste, da Opa sie sowieso nur zum Schlafen betrat. Viel spannender und verlockender fand ich das Räumchen, das dahinter lag, wo alte Briefe und allerlei Krimskrams lagerten. Dort stöberte ich ab und zu herum und hoffte darauf, irgendwelche Geheimnisse lüften zu können.

Die Küche, Dreh- und Angelpunkt. Hier stand der Esstisch inmitten der Küche. Ich saß als Jüngste natürlich zwischen meinen Eltern. Jeden Samstag gab es abwechselnd Muttis selbstgemachte Nudeln oder

Reissuppe. Hm, lecker. Noch immer sind Muttis selbstgemachte Nudeln der Renner.

Ein kleiner Tisch stand neben dem Herd. Jeden Tag nach der Schule setzte ich die „Tülle" an und trank aus der Kanne, die darauf stand, kalten Muckefuck. Da wir keinen Toaster besaßen, legte ich Brotscheiben direkt auf die Herdplatten zum Rösten. Opa grummelte jeden Tag, wenn er das sah: "Euer verbranntet Zeuch!" Es gab einen Klappschrank weiter oben, aus dem Mutti manchmal Süßigkeiten hervorzauberte. Eine Zeitlang stand in der Küche auch noch ein Sofa. Dort lag Opa oft still und leise, so dass wir fast vergaßen, dass er sich mit im Raum befand. Von der Spüle aus konnte man durch das Küchenfenster den gesamten Hof überblicken.

Samstags wischte Mutti regelmäßig das gesamte Haus durch und backte Kuchen. Ich erinnere mich, dass wir ein-mal vergaßen, die Küchentür zu schließen. Diese seltene Gelegenheit nutzte unsere Katze und sprang auf den noch weichen Blechkuchen. Dieser zeigte nun Spuren von Katzenpfoten. Leider musste der für Sonntag vorgesehene Kuchen nun entsorgt werden.

Ging man von der Küche weiter, betrat man das Wohnzimmer. Ein Kachelofen nahm relativ viel Platz ein. Er war der Tatort meiner feierlichen Nuckel-Verbrennung, die von meinem Schluchzen begleitet wurde und im Winter wärmten meine Eltern am Ofen unsere Federbetten. Wie herrlich, wenn wir uns in die warmen Decken einkuscheln konnten. Samstags sahen wir im Fernsehen "Disco" mit Ilja Richter, wenn es wieder "Spot aus, Spot an" hieß. Ines und ich fläzten uns auf das Sofa und genossen so das Ausklingen der Schulwoche. Wenn Liebesschnulzen liefen und sich das Traumpaar gerade küssen wollte, rief Opa von seinem schwarzen Drehsessel empört hinüber: "Weggucken, die beißen sich gerade!". Wir antworteten genervt und stöhnend mit: "Och, Opa!"

Vom Wohnzimmer führten zwei Zimmer ab. Das eine diente jahrelang als Schlafzimmer für meine Schwester und mich, später nutzten wir es als sogenannte "gute Stube". Ab und zu ließen wir dort die Jalousien herunter und spielten mit anderen Kindern das Versteckspiel mit dem makabren Namen "Nachts stehen die Toten auf." Hierfür standen wir auf den Fensterbrettern und durften uns nicht bewegen oder krochen auf die massiven Holzschränke. Dort warteten wir mit angehaltenem Atem und klopfendem Herzen, auf den jeweiligen Sucher. Ich bin mir sicher, kaum ein Ikea-Schrank würde dieses Spiel heutzutage tolerieren. Im anderen Zimmer nächtigten meine Eltern. Dort stand ein Spiegelschrank, in dem ich mich von allen Seiten betrachten konnte. Ab und zu sprach ich mit meinen Spiegel-Klon-Figuren, tauchte ab in eine Phantasiewelt. Zu meinen Pflichten gehörte das Staubwischen im Wohn- und Schlafzimmer. Diese

Tätigkeit erledigte ich schnell, indem ich störende Gegenstände fix in den jeweiligen Schrank beförderte und "Tata"- alles sah ordentlich aus. Es durfte nur niemand einen Blick in das Innere der Schränke werfen.

Vom Flur aus führte eine knarrende Holztreppe auf den Dachboden. Es roch nach Staub, Geheimnissen und Vergangenheit. Hier lagerten alte Landwirtschaftsgeräte, unser alter Korb- Kinderwagen, Opas geliebter Fotokoffer, indem er fast wöchentlich stöberte und Klassenarbeiten meiner Schwester, die in kleinen Änderungen jährlich vom Mathematik-Lehrer wiederverwendet wurden. Meine Mutter hängte dort oben die Wäsche zum Trocknen auf. In den kalten Wintermonaten fror die Wäsche an der Leine richtiggehend steif. Ines und ich zogen in unseren Teenager-Jahren schließlich dort hoch. Das Zimmer meiner Schwester konnte mittels eines alten Ofens beheizt werden. Meins leider nicht, und so nutzte ich es nur in den wärmeren Monaten. Trotzdem genoss ich mein eigenes Reich, fernab von Opas Dauerbeobachtung. Besonders liebte ich das kleine Dachfenster, das ich durch Schieben eines gelochten Metallstabes öffnen konnte.

Unter der Bodentreppe befand sich die Treppe in den Keller, wo Kohle und Einweckgläser aufbewahrt wurden und eine Zeitlang unsere Schildkröte Peter. Er war eine kleine Sensation. Sogar die Kindergartenkinder pilgerten zu unserem Haustier, um es aus der Nähe betrachten zu können. Leider überlebte er ein Durchbohren seines Panzers nicht, wo mein Vater arglos, aus Flucht- und Verbuddelungs- Gründen, eine Schnur als Leine befestigte. Der Arme!

Außerdem gab es eine Speisekammer mit Holzregalen. Hier stürmten Onkel Richards Kinder als Erstes hinein bei ihren Besuchen, denn dort erwartete sie leckerer Blechkuchen in allen Variationen. Manchmal stand ich einige Minuten still in der Speisekammer, genoss die Essensgerüche und das Alleinsein. Zum Badezimmer gelangte man vom Flur aus, indem man zwei Stufen hinunterging. Dieser Vorraum zum Bad besaß mehrere Fenster. Abends gruselte es mich, dort lang zu gehen. Ich stellte mir furchteinflößende Gesichter vor, die dort ihre Nasen platt drückten und mich beobachteten. Ich fühlte mich erst sicher, wenn ich die weiterführende Tür zur Futterkammer von innen verriegelte. Der Badeofen wurde nur samstags geheizt und dann stiegen meine Schwester und ich in die heißen Fluten, wo sie mir Schaum verkaufte und wir "Baden mit Badusan" sangen.

Auf so einem Bauernhof gab es unendlich viel zu stöbern und zu entdecken, besonders für ein phantasiebegabtes Kind.

Ich erinnere mich an meine Kindergeburtstage, mitten im Hochsommer, bei denen der Kaffeetisch mitten auf dem Hof gedeckt wurde. Mit Rosen gefüllte Steintöpfe standen später auf unserer Schrankwand. Dieser Duft war unbeschreiblich und durchströmte das ganze Zimmer.

Quer über unseren Hof, immer an den Mauern entlang, verlief eine Schnur von unserem Haupthaus bis hin zum Hühnerstall. Diese Konstruktion hatte sich mein immer effektiv denkender Vater ausgedacht, der sich morgens den längeren Weg zum Hühnerstall ersparen wollte und auf die-se Weise in kürzester Zeit die Hühner aus dem Stall lassen konnte. Indem er an der Schnur zog, öffnete sich die circa hundert Meter entfernte Tür zum Hühnerstall. So sparte er Zeit und schonte seine Schuhe.

Wenn ich aus der Schule kam, pilgerte ich meistens zum Hühnerstall. Ich zwängte mich in den stickigen Raum, wo einige Hennen auf der Stange und manche in ihren Nestern saßen. Ich sammelte Eier ein, fürchtete mich jedoch vor dem Schnabelhacken der Legehennen. Um dies zu vermeiden und ungehindert an die ovalen Schätze zu gelangen, lenkte ich die Hühner mit einem Stöckchen ab. Immer wieder erfüllte mich ein Gefühl der Erleichterung, wenn ich den Eierkorb tragend, durch den Garten zurück zum Haupthaus ging. Im Hühnergarten befand sich ein Gerät, mit dem man Hühner schlachtete. Bezeichnenderweise stand darauf "Hühnerfreund".

Auf so einem riesigen Grundstück gab es natürlich auch einen Obst- und Gemüsegarten. Welch Privileg, sich bei Appetit, einfach an den Bäumen und Sträuchern bedienen zu können. Stachelbeeren, Johannisbeeren, Erbsenschoten. Noch heute verknüpfe ich das Essen von Johannisbeeren mit Sommer, Freiheit, Sorglosigkeit. Manchmal baumelte ich in unserem Garten in einer Hängematte. Kleine, süße Birnen kauend schloss ich die Augen, ließ ich mir die Sonne ins Gesicht scheinen.

Auf unserem Hof stand ebenfalls eine Scheune mit riesigen Heubergen. Wir hüpften darauf herum und mussten niesen, wenn uns der Geruch von Heu in die Nase stieg. Ab und zu versteckte sich hier unsere Katze Kathrinchen, wenn sie winzig kleine Babys gebar.

Dies alles war für mich der Platz meiner Kindheit, mein Zuhause. Wenn ich aus der Schule kam, Malzkaffee aus der Kanne in der Küche schlürfte, Mutti hörte, wie sie mit ihrer Freundin Kaffee trank, Opa mir freudig entgegenlief und mich mit "Mausi" begrüßte, fiel alle Anspannung von mir ab. Ich war angekommen, wusste, hier werde ich geliebt. Irgendjemand sagte einmal: "Mit einer glücklichen Kindheit kann man ein halbes Leben lang haushalten." Wie wahr, dieses Grundgefühl der Geborgenheit ist ein Teil von mir. Auch wenn andere Menschen in dem Haus Nummer 7 wohnen, wenn das Rad der Zeit sich weiterdreht und ich inzwischen selbst Mutter bin, nehme ich dieses Gefühl der Geborgenheit mit, wohin ich auch gehe.

Der Ernst des Lebens

Meine Mutter winkte mir bis zur Ecke hinterher. Dieses "Nicht-Mehr-Winken" nach der Ecke stimmte mich traurig. Ich fühlte mich einsam und verlassen, wollte nicht zur Schule, wo ich mir fremd vorkam. Dort musste ich mich anpassen, einfügen, meine Rolle finden. Andererseits löste das Tragen meines kleinen, ledernen Schulranzens Stolz in mir aus. Ich hatte eine eigene Federtasche mit allem Drum und Dran und angespitzte Buntstifte.

Der erste Schultag lag hinter mir. Alle Fotos zeigten mich grinsend, den Kopf schief haltend und mit zusammengekniffenem Mund. Meine Mutter hatte mir vorher eingeschärft, ja nicht meine große Zahnlücke zu offenbaren. An diesem ersten Schultag saß ich neben einem Mädchen mit komischem Namen, den ich mir einfach nicht merken konnte. Immer wieder drehte ich mich zu ihr um und löcherte sie mit der Frage: "Wie heißt du nochmal?". Augen verdrehend antwortete sie. Meine eigene Zuckertüte! Endlich! Vor Jahren, als meine Schwester Ines eingeschult wurde, stand ich mit beleidigtem Gesicht unter unseren Kastanien für die Fotosession. Das winzige Tütchen fand ich ungerecht. Nun war ich selbst ein Schulkind und hielt höchstpersönlich eine riesige Zuckertüte in den Armen.

Meine Lehrerin hieß Frau John. Sie war eine gute Bekannte meiner Mutter und schon witterten meine Mitschüler Bevorzugung. Ich mochte sie. Zu Hause spielte ich fast täglich Schule, reihte meine Puppen in Schulbänke ein. Wer zu Besuch kam, erhielt ein Heft und Stift und wurde genötigt, mitzuspielen. Ich knickte beim Schreiben an meiner Kindertafel den rechten Zeigefinger um, da Frau John einen Zeigefinger mit amputiertem oberem Fingerglied hatte. Wenn ich eine richtige Lehrerin sein wollte, musste ich auch so schreiben. In meiner Schulklasse wurde aber auch Dänisch unterrichtet. Ich lehrte die Puppenklasse die Zahlen von eins bis zehn und übte mit meiner wissbegierigen Kinderschar die lebensnotwendige Frage auf Dänisch, ob jemand Mückenstiche hätte. Außerdem konnte ich Hunger, Durst und Müdigkeit in Dänisch artikulieren.

Damals war es üblich, dass wir in der Schule Milch, Kakao oder Erdbeermilch bestellen mussten, um uns gesund zu ernähren. In jeder Klasse gab es einen Schüler, der das Milchgeld kassierte. Zu dieser zweifelhaften Ehre kam auch ich. Meine Kasse stimmte nie, ich zahlte immer drauf trotz guter Mathematik-Noten. Ich weiß bis heute nicht, wie es dazu kam. Verrechnete ich mich unter Zeitdruck oder zogen die anderen mich über den Tisch?

Irgendwann brachte Onkel Richard aus Westberlin herrlichen, wohlschmeckenden Joghurt in fröhlich-bunten Plastikbechern mit. Einen wusch ich aus und benutzte ihn anschließend für den Kunstunterricht. Nach kurzer Zeit wurde er aber gestohlen, unbegreiflich und nicht nachvollziehbar für unsere jetzige Wegwerf-und Überflussgesellschaft. Ich bin mir sicher, ein anderes Kind war genauso begeistert von dem Joghurtbecher-Design wie ich und hatte ihn deshalb entwendet. In der dritten Klasse gingen wir in Mark-Zwuschen zur Schule, in einem Dorf, wo ein Schulgebäude stand mit uralten Holzpulten. Riesige Büsche grenzten das Schulgrundstück ein. Am liebsten spielten meine Freundinnen Kerstin und Heidrun mit mir "Hexe", Codewort "X". Eigentlich wollten wir uns abwechseln in der Darstellung der Hauptperson. Doch aus welchen Gründen auch immer, irgendwie fiel das Los ständig auf mich, was ich etwas ungerecht fand. Es gab einen Schulchor, in dem ein Junge mit glockenheller Stimme sang. Still und heimlich schwärmte ich etwas für diesen musischen Schüler. Wenn ich neben ihm im Schulbus sitzen konnte, war ich selig. Er nahm mich zu meinem Leidwesen nie wirklich wahr, da er schon eine höhere Klasse besuchte. Ich besuchte die Schule nie besonders gern, da ich Angst hatte, dass ich versage, das Pensum nicht schaffe. Ich glaube, ich galt als Streber. In dieser Rolle fühlte ich mich unbehaglich, isoliert, allein, obwohl es vielleicht nicht so war.

In der achten Klasse besuchten wir den PA-Unterricht (Praktische Arbeit), in dem jeder Schüler in einem Betrieb arbeiten musste. Ich wurde dem Naundorfer Kuhstall zugeteilt, wo wir nun 14- tägig unseren praktischen Dienst für den Sozialismus ausüben durften. Die Kälbchen fand ich ganz süß aber ansonsten sehnte ich den Feierabend herbei. Der ungewohnte Geruch, das Einreiben der Euter, das Anlegen der Melk-Geräte und das anschließende Reinigen der selbigen erfüllte mich nicht mit Begeisterung. An diesen Tagen rief ich schon am Hoftor: „Mutti, Badewasser!"

Mathematik bei Herrn K. stellte immer eine Herausforderung dar. Herr K. kam mit finsterem Blick herein und schob sein Kinn leicht nach vorn. Dann schleuderte er seine lederne Tasche auf den Lehrertisch und rief ohne die Andeutung eines Lächelns: "Freundschaft!" Wir antworteten pubertär, gelangweilt: "Freundschaft!" zurück. Anschließend folgte das gefürchtete Kopfrechnen. Hierzu standen wir hinter unseren Schulbänken und mussten im Akkord Kettenaufgaben lösen, die er uns stellte. Setzen durfte man sich nur bei der richtigen Antwort. Dieses Morgenritual war mir verhasst, da ich hier regelmäßig versagte und als eine der Letzten stehenblieb. Ich beneidete Heiko J. zumindest für seine Schnelligkeit beim Kopfrechnen. Er saß in Nullkommanichts wieder brav hinter seiner Bank und kippelte relaxt vor sich hin. Herr K. besaß Durchsetzungsvermögen und manchmal auch Humor, der leider zu selten zum Vorschein kam. Seine Art, alles logisch zu erklären, half mir dennoch zu guten Noten.

Literatur bei Herrn X mochte ich besonders. Es hieß, dass er "nach Nase" ging, nun, meiner Knubbelnase gegenüber war er dann anscheinend nicht ganz ablehnend. Ich erinnere mich daran, dass er im Unterricht herum ging und zu Roland sagte, der sich gerade die Fingernägel säuberte: "Wenn du denkst, du bist alleene, machste dir die Finger reene..." Eines Tages erwähnte er, als er uns Literatur nahebringen wollte, dass die Bibel zum Allgemeinwissen dazugehöre. Erst viel später begriff ich die Ungeheuerlichkeit seines mutigen Statements. Nach seinem Tod wurde berichtet, dass er Christ war und so bewunderte ich noch im Nachhinein seine Worte, die ein "No-Go" in einer atheistisch geprägten Schule darstellten.

Musik erhielten wir von Herrn G., einem kleinen, ziemlich runden Mann. Er bevorzugte es, seine geschmierten Brote im Unterricht zu vertilgen. Als ich die Zustimmung der Schule benötigte, für meine Zulassung zur erweiterten Oberschule zu gehen, ließ er seine imaginären Muskeln spielen und zischte in mein Ohr: "Na Anja, haben Sie denn vor, sich konfirmieren zu lassen? Wir haben nämlich noch ein Wörtchen mitzureden bei der Delegierung zur EOS (Erweiterten Oberschule)".

Zu diesem Zeitpunkt lag die Konfirmation schon hinter mir und dennoch erhielt ich die Zulassung.

Herr B., unser Klassenlehrer, besaß rötliche Haare und eine helle, empfindliche Haut, in meiner Erinnerung mit Sommersprossen übersät. Bei ihm beschäftigten wir uns mit den chemischen Elementen. Eines Tages demonstrierte er uns die "Knallgas-Probe", wo es ordentlich "Puff" machen musste. Nach gründlicher Anleitung durften wir sie dann selbständig durchführen. Ich benötigte etwas mehr Zeit und so sagte er tadelnd: "Da sind ja schon alle Eulen verflogen!" Schlagfertig gab ich zur Antwort: "Nein, eine Eule war noch da!"

In jeder Schulklasse gibt es die Klassenkasper, die hübschen und begehrenswerten Mädchen, die Beliebten, Unbeliebten und Streber. Das galt auch für meine Klasse. Von den Dörfern um Seyda herum aufgelesen, aufgesammelt, in nach Gummi und Abgasen riechenden Schulbussen fuhren wir täglich in aller Herrgottsfrühe zur Schule. Im Winter kam es vor, dass die Schulbusse nicht kamen. Bibbernd warteten wir auf den endgültigen Bescheid unserer Bürgermeisterin, die in der Nähe der Bushaltestelle wohnte. Sie rief in der Buszentrale an und wenn das Erhoffte: "Die Busse kommen nicht!" ertönte, rannten wir wie der Blitz nach Hause, bevor vielleicht doch noch der Schulbus um die Ecke bog. Wir verabredeten uns zum Schlitten- oder Skifahren auf unserem Minihügelchen „Teufelsberg" oder tobten bis zur Abenddämmerung auf dem Dorfteich. Herr K. kommentierte das Fernbleiben vom Unterricht stets mit reinem Unverständnis, wenn wir es schaffen würden Ski im Wald zu fahren, wäre der Weg nach Seyda, sieben Kilometer, wohl auch möglich gewesen. Diese Lehrer! Nie im Leben hätten wir diese beschwerliche Fahrt dorthin bewältigt.

Die Jahre vergingen und so steuerten wir auf die Abschlussprüfungen der 10. Klasse zu. Es schien alles klar zu sein, mein Weg zum Abitur geebnet. Zu gern wollte ich irgendetwas mit Sprachen studieren. Doch hierfür musste man der DDR, dem Sozialismus treu ergeben sein. So überlegten wir in meiner Familie, ob ich nicht besser Krankenschwester im Paul-Gerhardt-Stift, dem größten evangelischen Krankenhaus der DDR lernen sollte. Gedacht, getan. Heimlich bewarb ich mich dort und erhielt die Zulassung. Offiziell war ich an der Erweiterten Oberschule in Herzberg angenommen, wohin in jedem Jahrgang die Schulleitung nur wenige Auserwählte delegierte. Die Prüfungen standen kurz bevor und ich wusste, ich musste meine Zusage im Krankenhaus geheim halten, ansonsten würde ich das bei den Ergebnissen spüren. Endlich hielt ich mein Zeugnis in den Händen. Meine Mitschüler verteilten sich in alle Himmelsrichtungen und noch immer hieß es, dass ich mein Abitur in Herzberg ablegen würde.

Wochen später, ich setzte schon fleißig Patienten auf die Bettpfanne und trug eine Schwesternhaube mit

Überlänge, fuhr Herr B.an der Bushaltestelle in Naundorf vorbei und rief meiner Schwester zu: "Anja muss doch nach Herzberg, an die EOS!" Meine Schwester antwortete: "Nö, die lernt Krankenschwester in Wittenberg." Fassungslos kehrte er um.

Einige Wochen später arbeitete ich auf einer chirurgischen Männerstation. Ein junger Mann lag dort und erzählte eine unglaubliche Geschichte. Eine Mitschülerin hatte doch tatsächlich den kostbaren Platz an der EOS nicht angetreten und würde jetzt Krankenschwester lernen. Also, Sachen gibt`s, die gibt's gar nicht.

Russendisco

Mein Kollege Andrej spricht leise mit seiner Frau am Handy. Längst vergessen geglaubte Wortfetzen dringen in mein Ohr.

Je öfter ich Russisch höre, desto mehr arbeitet mein Gehirn, sehe ich meine Klasse und mich im Unterricht sitzen und diese uns aufgezwungene Sprache lernen.

Unser Russischunterricht begann bereits in der fünften Klasse. Die erste Stunde ist, aus welchen Gründen auch immer, in meinem Gedächtnis haften geblieben. Frau N., unsere Russischlehrerin, erinnerte mich irgendwie an eine Russin durch ihre besonders markanten Wangenknochen. In der ersten Stunde fragte sie uns, was wir denn alles kennen würden aus der Sowjetunion oder von unserem russischen Brudervolk.

In Jüterbog, nicht weit von Naundorf entfernt, gab es einen Laden, in dem man russische Produkte kaufen konnte. Ich habe bis heute keine Ahnung, wie diese Läden offiziell hießen. Im Volksmund nannte man sie jedoch "Russenmagazin". So meldete ich mich und sagte, dass ich das Russenmagazin kennen würde. Ich spürte, dass diese Antwort keine positive Wirkung auf meine Lehrerin machte. Sie lenkte schnell ab und würdigte die anderen Antworten weitaus mehr.

In der fünften Klasse erhielten wir Adressen von Lenas, Nataschas und Ljudmillas aus der Sowjetunion. Ich bekam Briefe aus einem fernen Land, wurde mit "Daragaja Anietschka" angeredet und arbeitete mühsam die Übersetzung heraus. Die Sowjetunion und Russisch als Sprache waren immer präsent. Dabei interessierten mich das kapitalistische Ausland und Englisch als Kommunikationsmittel weitaus mehr. Doch die deutsc-hsowjetische Freundschaft musste gefördert werden und so besangen wir dieses uns auf diktierte Ziel auch im Unterricht mit dem Lied "Druschba- Freundschaft" , was klatschend in unsere Ohren und Herzen eingehämmert wurde.

Nach Frau N. kam "Grassi" , um uns in Russisch zu unterweisen. Grassi lief wenig im Unterricht hin und her, sondern saß mit Vorliebe am Lehrertisch, knabberte irgendetwas und zog seine Schuhe aus, die einen schweißigen Duft verströmten. Da ich zeitweise in der ersten Reihe, genau ihm gegenüber saß, kam ich des Öfteren in diesen zweifelhaften Genuss.

In der achten Klasse fuhren wir in die russische Garnison nach Jüterbog. Es lief Musik und wir sollten die deutsch-russische Freundschaft pflegen, in dem wir unsere Russischkenntnisse vertiefen. Ich erinnere mich an meine Unbeholfenheit und Unsicherheit, an

stockende, stammelnde Gespräche mit russischer Humptata-Musik als Soundtrack.
Man stelle sich 14jährige pubertierende, picklige Mädchen und Jungen vor, die an Tischen mit russischen, völlig fremden Soldaten ein Gespräch führen sollen. Gott sei Dank, im wahrsten Sinne des Wortes, gingen diese „äußerst beglückenden" Nachmittage auch irgendwann vorbei.

Ich mochte die russischen Märchenfilme, deren Hauptfiguren stets schöne Frauen mit langem Zopf waren. Jahrelang hegte ich den Wunsch, auch so überdimensionale Haarpracht zu bekommen. Baba Jagas flößten mir keine Angst ein, sondern belustigten mich und das Beste an den russischen Märchen war, dass sie natürlich gut ausgingen. Meine Mutter kaufte mir in dem schon erwähnten „Russenmagazin" des

Öfteren flauschige, rüschige Zopfhalter, die alles andere als dezent waren, was mich, je älter ich wurde, etwas peinlich berührte. Auch heutzutage scheinen diese noch nicht ganz aus der Mode gekommen zu sein. Immer wieder orte ich mit ziemlicher Treffsicherheit Kinder mit rüschigen Zopfhaltern und identifiziere sie als Menschen aus dem russisch-sprachigen Kulturkreis.

Viele Jahre später lernte ich beim Kinderarzt in Fürstenwalde Olga, eine hübsche, junge Mutter kennen, leider mit kurzen braunen Haaren. Sie besuchte mich mit ihrem Sohn. Von meinen Russischkenntnissen war erbärmlich wenig übrig geblieben. Während des Kaffeetrinkens mühten wir uns mit gleichzeitigem Blättern in Wörterbüchern ab. Eines Tages lud sie mich auch zu sich ein. Unter sehr schlichten Verhältnissen, wieder in einer russischen Garnison, erlebte ich trotz aller Einfachheit eine liebevolle, selbstlose Gastfreundschaft mit selbstgebackenen Piroggen und einer tiefen Herzlichkeit. Irgendwann verließ Olga mit ihrer Familie Fürstenwalde, aber nicht, bevor sie für mich ein riesiges, bemaltes Tuch in ihrer Heimat als Abschiedsgeschenk für mich bestellte.

Jahrelang benutzten meine Töchter dieses Tuch zum Verkleiden und erinnerten mich an diese Begegnung.

Egal, ob ich Russisch mochte oder nicht, diese Sprache öffnet mir auch heute noch Herzen durch die einfachsten Begrüßungsformeln oder das Lied von der kleinen Birke, das einzige, das ich beherrsche.

Mein Opa starb in Russland, mein Vater drückte seine Zuneigung für meine Mutter schon in der sechsten Klasse mit den Worten "Ja ljubelju tebja." aus. Gorbatschow setzte eine Lawine in Gang, wodurch es zu einer gewaltfreien Revolution kam und aus zwei Staaten wieder ein Deutschland erwuchs. Auch wenn uns diese Sprache "aufgezwungen" wurde, baut sie heute noch Verständigungsbrücken, höre ich innerlich auf, wenn ich diesen melodischen Singsang wahrnehme. Ob ich will oder nicht, wurden unsichtbare Fäden gesponnen.

„Also, Andrej, pass auf, meine Erinnerung kehrt zurück!"

Die Bremserin

Sarah, meine Älteste, sucht für ein Musikprojekt Bilder aus den Fünfziger Jahren, der Rock'n'-Roll-Ära, der Petticoat-Zeit. Ich sage: "Wir haben doch Fotos von Oma Hannelore mit Petticoats!". Sarah stöhnt auf: "Da merken die anderen doch sofort, dass das meine Oma ist, so ähnlich wie wir uns sehen!" Ich schaue verstohlen zu ihr hinüber. Es stimmt, Sarah sieht aus wie meine Mutter in jungen Jahren, die gleichen lockigen, dunklen Haare und dasselbe fein geschnittene Gesicht...

Als Kind litt ich darunter, dass ich rein äußerlich, kaum Ähnlichkeiten mit meinen Eltern aufwies. Die Leute sagten: "Na, du schlägst ja völlig aus der Art!" Meine Schwester neckte mich sogar mit den Mut machenden Worten: "Dich haben sie doch aus dem Heim geholt!"

Wie sehr sehnte ich mich auch nach äußeren Kennzeichen der Familienzusammengehörigkeit. Es tröstete mich nicht, wenn sich mehr innere Parallelen bemerkbar machten. Zum Beispiel hörte ich: "Ganz Friedemanns Else!", nachdem ich jemandem beim Anstehen in unserem Dorf-Konsum den Vortritt ließ. Worin ähnelte ich wohl meiner Vorfahrin?

Im Nachgiebigsein, im Zeithaben und Geduldigsein, im Selbstlossein? Ich fragte nicht weiter nach und so stelle ich mir diese Frage zuweilen auch heute noch.

Zurück zu meiner Mutter. Wenn ich alte Kinderfotos betrachte, sehe ich ein knutschiges, kleines Mädchen mit dunklen Augen, deren schwarze Haare kunstvoll zu einem Hahnenkamm gedreht sind. Sie wirkt etwas ernst, so als würde sie das meiste in sich verschließen.

Meine Mutter erzählt nicht viel von sich. Wenn sie es doch tut, dann spürt man ihr ab, dass es keine unbeschwerten Kindertage waren.

Einmal berichtete sie vom Heimaturlaub ihres Vaters, dem Dorfschmied Erich Günther, der sich im Krieg, an der Front befand. Jemand sagte meiner Oma Bescheid, dass sich ihr Mann dem Dorf näherte. Dann liefen sie zu zweit los, ließen alles stehen und liegen, rannten ihm entgegen und er wirbelte sein kleines Mädchen in der Luft herum. In den Erinnerungen schwang Wehmut mit, Sehnsucht nach ihrem Vater. Die wenigen Begegnungen mit ihm erhielten ein anderes Gewicht. Sie erzählte voll kindlicher Begeisterung, wie er extra ins nahegelegene Seyda fuhr, um für seine Frauen Würstchen zu kaufen oder von seiner besonderen Fähigkeit, Eierkuchen in der Luft zu wenden.

Ihr Vater starb dann im Krieg an TBC und so boxte sich meine Oma mit Tochter allein durch das Leben, arbeitete zunächst bei Verwandten, während Klein-Hannelore auf dem Hof spielte, sich beschäftigte. Irgendwann heiratete meine Oma nochmals und meine Mutter erhielt einen Stiefvater, der sicher sein Bestes gab aber den Vater nie ersetzen konnte.

Man sagt: "Was sich neckt, das liebet sich!" Ich fand schon immer, dass dieser Satz auf meine Eltern zutrifft. Mein Vater, der den Satz verinnerlicht hat, dass etwas Provokation das Gespräch anheizt, kennt meine Mutter schon von Kindesbeinen an. Er war das Patenkind meiner Oma mütterlicherseits, ging mit Mutti in dieselbe Dorfschule, wurde mit ihr gemeinsam konfirmiert und schwärmte schon damals für sie. Er war es auch, der Mutti mit dem "Bremser im Zweier-Bob" verglich. Wenn mein Vater in seiner extrovertierten, mitreißenden Art Pläne schmiedete, die meiner Mutter nicht passten, zauberte sie Kontrapunkte aus dem Nähkästchen hervor oder blockierte einfach sein Vorhaben durch schlichtes Ignorieren. Dieses Nicht-Reagieren brachte meinen Vater so manches Mal zuerst in Rage. Später erkannte er ebenso häufig, dass ihre Bedenken nicht unbegründet waren und dieses Bremsen für ihn auch hilfreich sein konnte.
Wenn ich an Mutti denke, fallen mir ihre weichen Wangen und ihr großes Herz ein. Mein Vater sagt ab und zu, sie hätte einen "Mutter-Teresa-Komplex", da

sie immer und überall helfen möchte und Vergeben und Nachsichtigsein ihrem Wesen entspricht. Am besten trifft es meiner Meinung nach der Begriff Güte. Mir ist sie darin ein Vorbild, denn sie erinnert mich daran, dass jeder Mensch versagt und eine neue Chance verdient. Spaßeshalber meint mein Vater ebenfalls, dass sie aus "Schenkhausen" kommt. Das kommt daher, weil meine Mutter es liebt, zu schenken. Geburten, Konfirmationen, Schulabschlüsse, Trauerfälle- aber nicht nur enge Verwandte werden beglückt. Es kann der nette Hausmeister, die junge Frau aus dem Zugabteil, ein Asylant aus Timbuktu, die eigene Enkelin oder eine Enkelin einer früheren Arbeitskollegin sein. Ihr Geschenk-Radius reicht ziemlich weit. Mein Vater kann dieses Verhalten nicht immer nachvollziehen. Letztendlich fügt er sich dann doch ihrem Wunsch.

In mir wächst aber manchmal der Verdacht, dass er sie bei allem Hinterfragen für ihre Großherzigkeit bewundert, sie bei allem zur Schau getragenen Widerstand im Prinzip unterstützt.

Meine Mutter liebt Servietten, Nelken, Handtaschen und wie schon in meiner Kindheit, Zopfhalter. Ich weiß nicht, wie viele Haargummis meine Töchter im Laufe ihres bis jetzt relativ kurzen Erdendaseins, von ihr geschenkt bekamen. Wenn ich an Mutti denke, sehe ich sie mit Kittelschürze zum Dorf-Konsum gehen, wie sie mir vor Prüfungen Baldrian einflößt oder mich bei Husten mit Pulmotin einreibt, wie sie mich, viel zu nachsichtig, zu Hause bleiben lässt, weil ich Bauchgrummeln wegen der Schule habe, wie sie mir bei hohem Fieber erlernte Wadenwickel von Tante Lehmann anlegt und wie sie für jeden ihr Haus öffnet.

Als kleines Mädchen saß ich manchmal auf ihrem Schoß, während Pfarrer Neugebauer seine Chorstunden auf der Empore unserer kleinen Dorfkirche abhielt. Ich erinnere mich an das sanfte Vibrieren ihrer Stimme, das in meinem Körper so ein angenehmes Brummen auslöste. In den höheren Stimmlagen wirkte ihre Stimme etwas angestrengt, aber hier fühlte ich mich sicher und geborgen.

Als ich in die sechste Klasse kam, begann sie im Paul-Gerhardt-Stift zu arbeiten. Ab sofort fiel meiner Schwester und mir der Babysitter-Posten bei Opa zu und auch vermehrt Verantwortung im Haushalt. Jeden Morgen fuhr Vati mit ihr von unserem doch sehr abgelegenen Dörfchen durch den Wald nach Wittenberg, lieferte sie dort in der EKG-Abteilung ab und düste weiter zur Molkerei Wittenberg. Dieser Einstieg in einen völlig neuen Arbeits- und Tätigkeitsbereich stellte eine enorme Herausforderung dar. Bisher arbeitete sie nur in Erntezeiten im dörflichen Umfeld. Nun lernte sie den Umgang mit und am Patienten, im größten evangelischen Krankenhaus.

Der Lieblings-Leitspruch meiner Mutter ist: "Wollen wir mal das Beste hoffen!" Wir hörten ihn, wenn wir zum vermehrten Male umzogen, wenn bei den Kindern Erziehungsprobleme auftauchten, wenn jemand erkrankte, es Spannungen mit Kollegen und Freunden gab. Trotzdem ist sie eher ein Mensch, der das Glas halb leer sieht. Sie sorgt sich um jeden und jede ihr anvertraute Seele. Als ich mir von meinem ersten selbst verdienten Geld ein Kleid und einen Mantel kaufte, fragte sie sich ängstlich, ob ich etwa die verschwenderische Art eines entfernten Onkels geerbt hätte. Als ich im Alter von dreißig Jahren Autofahren wieder für mich entdeckte, starb sie tausend Tode, als wir an die Spree zogen, fragte sie besorgt, ob die Gartenpforte ja geschlossen sei, um die Enkelkinder in Sicherheit zu wissen. In all diesen Ängsten spüre ich aber ihre Zuneigung und Liebe und erahne, dass ihre eigenen Erfahrungen sie geprägt haben, sie haben vorsichtiger werden lassen. Auch wenn ihr Bewegungsradius inzwischen kleiner geworden ist durch die Tücken des Alters, so kommt sie immer noch aus "Schenkhausen", verfolgt hochkonzentriert die Bundesligaspiele, umsorgt ihre größer gewordene Familie mit Stricksocken und öffnet nach wie vor ihre Haustür für jedermann.

Mein Sohn betrachtet sich im Spiegel und stöhnt: "Mein linkes Auge ist kleiner als das rechte!" Ich sage zu ihm: "Sieh dir deinen Urgroßvater, den Schmied, an! Bei dem war das auch so...." Aber das ist wieder eine andere Geschichte!

Geheimnisse

Angela und ich schleichen vorsichtig zum Zaun und schieben eine Zaunlatte zur Seite. Wir kriechen vorsichtig durch die entstandene Öffnung und huschen in Tante Grethes Garten.

Etwas versteckt lacht uns ein verheißungsvoller Strauch mit Himbeeren an. Angela und ich naschen davon. Die Beeren sind so herrlich süß. Bei unserem Tante-Grethe-Garten-Mundraub kommen wir uns ganz verwegen und verrucht vor. Unserer Meinung nach haben wir geklaut- ganz ohne das Wissen von Tante Grethe...

Viele Jahre später begriff ich, dass Tante Grethe keinesfalls beklaut wurde, sondern dass sie genau Bescheid wusste und mit ihrer großzügigen, stillen Art tolerierte, dass wir uns die Bäuche mit saftigen Himbeeren vollschlugen.

Ihr Garten grenzte genau an unseren Obstgarten, dort stand ein knorriger, alter Baum mit Ästen, die sich wie Arme um den Baumstamm legten. Ich konnte mich in dem ausgehöhlten Baum verkriechen und liebte es, wenn die anderen mich vergeblich suchten. Für ein Wochenende siedelte ich zu Tante Grethe um, in der Hand einen Kinderkoffer, der meinen

Schlafanzug und eine Zahnbürste enthielt. Ich weiß noch, wie erwachsen und selbständig ich mich fühlte. Ich spüre sogar noch das Klacken der Kofferverschlüsse in meinen Fingern. Seltsam, nicht?

Genauso reizvoll erschien mir die zugewucherte Gartenlaube bei Tante Lehmann. Sie erinnerte etwas an Dornröschen, auch wenn es dort, realistisch betrachtet, staubig, sandig und etwas verfallen war.

In Naundorf gab es viele Möglichkeiten, sich auszutoben, zu verstecken aber auch Geschichten über längst verstorbene Personen, die mein Kinderherz berührten. Zum Beispiel hörte ich immer wieder von dem viel zu kurzen Leben von Tante Lehmanns Schwestern. Damals gab es noch kein Insulin und so starben diese zwei Mädchen im Kindesalter an Diabetes. Auf manchen alten Fotos blickten sie ernst in die Kamera. Auf dem alten Dorffriedhof befanden sich ihre kleinen Gräber, vor denen ich ab und zu stehen blieb und darüber nachdachte, wie sie lebten vor vielen Jahren und wovon sie träumten. Wie dankbar war ich, dass Tante Lehmann erst an Diabetes erkrankte, als Insulin längst entdeckt war!

Meinem Opa lauschte ich mit klopfendem Herzen und aufgerissenen Augen, wenn er die Geschichte eines Mannes schilderte, der in Opas Kindheit im Wald eine unterirdische, geheime Höhle gebaut hatte, die ihm als Versteck diente. Immer wieder löcherte ich Opa mit Fragen, warum, wieso, weshalb - vor wem versteckte sich der geheimnisvolle Fremde. Leider erhielt ich keine Antworten auf mein drängendes Fragen.

Angela schleppte mich zu dem mysteriösen Geheimbund "Der Schwarze Ring". Der "Schwarze Ring" bestand aus einem alten schwarzen Traktorreifen und befand sich auf dem Dorfspielplatz - sehr mysteriös. Auf diesem Reifen trafen sich circa einmal wöchentlich, vier bis fünf heranwachsende Teenies, die sich, um ihr baldiges Erwachsensein zu demonstrieren, zweideutige Witze erzählten. Meistens rutschte ich unruhig hin und her und sprang erleichtert auf, wenn die Kirchenglocken sechsmal läuteten. "Abendbrot, muss nach Hause!", rief ich dann und sauste davon..

Mit Neugierde erfüllten mich auch die Briefe meines Großvaters aus dem fernen Russland, die er an meine Oma gesendet hatte. Die zum Teil verblichene, altdeutsche Schrift konnte ich schwer entziffern. Doch was ich las, berührte mein Herz. Er schrieb von seiner Sehnsucht nach seiner Familie, von der nagenden Ungewissheit und von seinem Glauben an Gott. Ein Satz ist bis heute in mein Gedächtnis eingebrannt: "Ob wir uns noch einmal wiedersehen werden, weiß nur einer - und der ist stumm!" Sprach aus diesen Worten Resignation oder letztendlich Vertrauen in Gottes Liebe und Seine Pläne

Bücher zogen mich in ihren Bann, Waisenkinder, tragische Figuren wie Oliver Twist und Jane Eyre, die eigentlich aus reichem Hause stammten aber unter ärmlichsten Verhält-nissen ihr Dasein fristen mussten. Drillinge, Zwillinge, "Das doppelte Lottchen"- wie spannend, wenn Identitäten und Lebenswelten getauscht werden konnten.

Echte, lebende, tragische Personen lernte ich bei einem Besuch in Magdeburg kennen. Tante Alma, im reifen Alter von circa achtzig Jahren, mit ihrer zwanzig Jahre jüngeren Tochter wohnten in einer dunklen, für mich gruseligen Wohnung. Nach unserem Klingeln drängte uns die jüngere Tante verhuscht in die Wohnung und drehte den Schlüssel herum. Sehnsüchtig sah ich zur Haustür. Am liebsten hätte ich auf dem Absatz kehrt gemacht. Angst schlich in mir hoch, dass ich von diesem düsteren Ort nie wieder fort käme. In meiner Erinnerung sehe ich kaum Türen, nur schwere, wollene Vorhänge und eine Holzbank. Tante Alma besaß eine eher füllige Gestalt, ihre Tochter war schlank und flitzte unruhig hin und her. Die Gesichter der beiden habe ich vergessen aber eine beklemmende Stimmung machte sich in mir breit als wir uns auf der Holzbank niederließen. Tante Alma gehörte entfernt zur Verwandtschaft und meine Mutter, die sich immer für die Pflege verwandtschaftlicher Kontakte verantwortlich fühlte, schloss auch Tante Alma in ihre Fürsorge mit ein. Gott sei Dank hatte sich diese aber mit einem Besuch erschöpft.

Das Geheimnis der Schwerkraft wurde mir in dem Moment bewusst, als ich eines Tages, im größten Sturm, mit selbstgebauten Pappflügeln auf der Kreuzung stand. Windböen trieben um mich herum, Tropfen fielen vom Himmel und ich wartete darauf, dass ich abhebe. Ich hüpfte hoch, um dem Sturm zu helfen, mich in die Luft zu wirbeln - doch nichts geschah. Warum funktionierte das nicht, wo doch Elli aus Arkansas bei einem Wirbelsturm sogar mit einem Häuschen abhob?

...und ich sehe mich, gedankenverloren vor unserem alten Schallplattenspieler knien, wie ich ein vorsichtiges Gebet spreche und mich frage, ob meine Oma mich vom Himmel aus beobachtet und ein Auge auf mich hat. Irgendwie fühlte ich mich in diesem Moment beschützt und geborgen. Ich ahnte, dass es Dinge zwischen Himmel und Erde gibt, die wir nicht erfassen können.

Der erste Geiger

Wir sitzen im Konzert in Limburg. Der erste Geiger erscheint, verbeugt sich tief vor dem Publikum und gibt den entscheidenden Ton für das junge, hessische Staatsorchester an. Alle sehen zu ihm, alle hören auf ihn und stimmen ihre Instrumente auf seine Geige ein. Das Orchester scheint eine Einheit zu bilden. Endlich musizieren die jungen Frauen und Männer voller Hingabe Beethoven, Mozart,....

Bis zu diesem Zeitpunkt machte ich mir nie wirklich Gedanken über die Position des 1. Geigers in einem Symphonie-Orchester. An diesem Abend in der Stadthalle Limburg fällt mein Blick aber unwillkürlich auf diese entscheidende Person. Ich beobachte ihn fasziniert, sehe die konzentrierten Blicke des Jugend-Symphonie-Orchesters auf ihn gerichtet und meine Gedanken wandern zu meinem Vater, der in seiner Kindheit und Jugend den Berufswunsch hegte, erster Geiger zu werden. Was begeisterte ihn daran? War es die Perfektion seines Spiels? War es die Bewunderung der anderen, die ihm entgegenschlug? Wochen später lüftet er das Geheimnis. Die Position des ersten Geigers begeisterte ihn einzig und allein wegen des Handschlags des Dirigenten. Dieses Privileg gebührt nur dem ersten Geiger. Die Antwort verblüffte mich nicht wirklich! Typisch, mein Väterchen!

Meine Freundin Silke steht im Wohnungsflur meiner Eltern in Wittenberg. Dort sehen uns meine Urahnen an. Auf vergilbten Schwarz-Weiß-Fotos kann ich einen Blick in eine andere Zeit erhaschen. Silke kichert als sie ein Kleinkindfoto meines Vaters entdeckt: "Dein Vater war ja ein kleines Dickerle!" Ich muss schmunzeln. Klein-Erwin sitzt mit Kleidchen, runden Pausbacken und einem Kopf voller Locken auf dem Schoß meiner Oma Lydia. Die Ähnlichkeit der beiden ist nicht zu übersehen.

Eigentlich weiß ich relativ wenig über die Kindheit meines Vaters. Gedanken- und Geschichtensplitter tauchen auf, ebenso wie ein paar Fakten. Mein Vater wuchs mit seinem sieben Jahre älteren Bruder Erich auf einem Bauernhof auf, im Haus an der Ecke. Wenn ich das Foto der beiden Brüder betrachte, sehe ich den älteren, ernsteren, Verantwortung tragenden Erich. Sein jüngerer Bruder steht als süßer Lockenkopf neben ihm. Auf den ersten Blick wirkt auch er eher ernst aber ich ahne Schalk im Nacken und einen charmanten Filou, der sicher schon damals die Leute um den Finger wickelte und Späßen gegenüber aufgeschlossen war. Zum Beispiel versteckte er in der Ofenklappe des Backsteinofens der alten Dorfschule einen gestellten Wecker, der den ständig das Unterrichtsende verpassenden Lehrer mahnte, endlich zum Ende zu kommen.

Eine andere Begebenheit erzählt er mit Humor und Selbstironie. Eines Tages wurde in der Schule eine Taschenuhr als Preis für den besten Schüler ausgesetzt. Schließlich sollte er diese Auszeichnung erhalten. Die Mutter eines anderen Schülers legte lauthals Protest ein, lief mit ihrem Jungen an der Hand zur Schule. Doch es blieb dabei, mein Vater hielt kurze Zeit später die ersehnte Uhr in den Händen. Überglücklich und voller Stolz trug er sie bei sich, holte sie nun stets genüsslich hervor, um die Uhrzeit zu überprüfen. Irgendwann ging er mit meinem Großvater auf das Feld, wo mein Vater sich am Wegesrand hinsetzte, die Taschenuhr erneut heraus holte, betrachtete und mit ihr spielte. Plötzlich fiel die Uhr auf den gefurchten Ackerboden, auf dem das Pferd der Familie seinen schweren Dienst tat. Es kam, wie es kommen musste und ein Huf landete zielsicher auf der niegelnagelneuen Uhr. Ein metallenes Knirsch- und mein Vater saß entsetzt und traurig vor den Splittern seines kürzlich gewonnenen Preises. Wie heißt es so passend: "Wie gewonnen, so zerronnen."? Ein anderer Erinnerungssplitter handelt von meinem Großvater väterlicherseits. Mein Vater erzählte meiner Schwester und mir mit bewegter Stimme von einer kleinen Geste der Standhaftigkeit seines Vaters. Zur Zeit des Nazi-Regimes grüßte mein Großvater unbeirrbar weiterhin mit "Guten Tag" statt des geforderten "Heil Hitler".

Mein Vater ist, meiner Meinung nach ein sogenanntes Alphatier. Er hat kein Problem damit, im Gegensatz zu seiner Tochter, der schon der Schweiß ausbricht, wenn in einer größeren Gesellschaft eine Frage an sie gerichtet wird, im Mittelpunkt zu stehen. Beruflich konnte er dies sicher auch ein- und umsetzen. Ich kann bis heute nicht genau erklären, wie seine Arbeitsbeschreibung als Leiter des "Milcherzeugerberatungsdienstes" aussah. Meine Schwester zeichnete ihn jedenfalls für den Kunstunterricht, einen weißen Kittel tragend, im Hintergrund ein Kuhkopf durch's Gitter schauend. Sein prüfender Blick ruht auf einem Reagenzglas mit milchiger Flüssigkeit. Dieses Bild nahm ich in meiner Einfallslosigkeit ein paar Jahre später als Vorlage, als wir dasselbe Thema behandelten.

Mein Vater scheut, manchmal zum Leidwesen seiner eher harmoniesüchtigen Tochter, keine Diskussion und erzählt meistens rhetorisch mitreißend und lebendig. Der Zuhörer fühlt sich hineingenommen in Erlebnisse und Begebenheiten durch die Imitation von bestimmten Personen. In Gesellschaften verbreitet er durch sein anschauliches Geschichten-Erzählen Frohsinn und Heiterkeit, er biegt sich vor Lachen bei Loriot und der "Nackten Kanone", auch nach der zehnten Wiederholung und er liebt es, anderen Menschen Streiche zu spielen. Vor einigen Jahren holte er unsere Tochter von der Grundschule in Katzenelnbogen ab. Er setzte sich, eine rote Kindermütze auf dem

Kopf tragend, in die Nähe des Eingangs und krähte zur Begrüßung seines Enkelkindes wie ein Hahn. Für einen winzigen Moment zögerte sie, ob sie sich zu diesem peinlichen Verwandten bekennen sollte. Im Laufe einer Kindheit fragt sich wohl jeder Sprössling irgendwann: "Wer ist denn hier erwachsen und wer das Kind?"

Bei aller nach außen getragenen Fröhlichkeit ist er dennoch ein Mensch mit Tiefgang, der sensibler ist als man vermuten könnte und jemand, der mit Scharfsinn und Weitblick ausgestattet ist. Am besten veranschaulicht es folgende Episode aus seinem Leben. Zu DDR-Zeiten arbeitete mein Vater einige Jahre beim sogenannten "Rat des Kreises". Leider war die Arbeit dort zunehmend mit politischem Druck verbunden, weshalb er sich mit dem Gedanken trug, die Arbeitsstelle zu wechseln. Hierfür benötigte er die Unterschrift seines Chefs, der ihn nicht gehen lassen wollte. So ein Wechsel zog so manches Mal Repressalien nach sich, die mein Vater natürlich vermeiden wollte. So redete er mit der zuständigen Sekretärin, die das äußerst heikle Dokument unter einige andere Papiere, die unterschrieben werden mussten, dem Chef zum Signieren vorlegen sollte. Gedacht, getan. Nach mehreren missglückten Versuchen hielt mein Vater endlich die Kündigung in seinen Händen. Irgendwann wurde natürlich seine Abwesenheit im "Rat des Kreises" bemerkt. Der ahnungslose Chef hörte nun auf sein Fragen: "Wo ist denn Erwin?"-

"Na, dem hast du doch gekündigt!" Ungläubig schüttelte er den Kopf - während Erwin Clemens schon längst einer anderen Tätigkeit nachging. In meiner Kindheit erzählte mein Vater am liebsten das Märchen vom "Hasen und vom Igel", was ich im Hinblick auf dieses Erlebnis noch besser verstehen kann.

Schon in meiner Kindheit startete er in gewissen Abständen die verschiedensten Projekte. Das eine Mal züchtete er Zwerghühner, ein anderes Mal Schafe. Als er von der Armee zurückkehrte, wurden meine Schwester und ich angeleitet im Kleiderpaket-Packen. Von nun an durften wir unsere Kleidung für den nächsten Tag nicht mehr auf den Sessel knallen, nein militärisch zusammengefaltet. Er erkundete neue Pilzarten und so stiefelten wir als Familie sonntags los und durchstreiften Wald und Flur. Schirmpilze, Nelkenschwindlinge, die seltensten Leckerbissen wurden nun zu Pilzgerichten und Soßen verarbeitet. Dieses Wissen über Flora und Fauna gibt er heute gern an seine Enkelkinder weiter zu passenden und unpassenden Zeiten. So hörte ich bei Mahlzeiten des Öfteren das Aufstöhnen der Nachkommenschaft: "Opa, wir haben jetzt keine Schule! Wir wollten eigentlich essen." Überhaupt haben die Enkelkinder ihre ganz eigenen Erfahrungen mit ihrem Opa Erwin. So denken sie an Fahrradtouren entlang der Elbe mit Abstecher zu Puten-Paul, der biologisch wertvolle Steaks auf dem Marktplatz verkauft, an morgendliche Volksmusik-Weckaktionen, an Essen beim Griechen Panos, an die wunderbaren Geschichten vom Riesen Monkeponkedu, dessen Arme bis nach Afrika reichten. Sie erinnern sich an massive Schnarch-Attacken im Fernsehsessel, an eine gewisse Dominanz bei der Auswahl des Fernsehprogramms, an immer wiederkehrende Abstecher in die Garage und den damit verbundenen "Nehmt-mit!-Das-könnt-ihr-gut-gebrauchen!-Überredungskünsten", an gemeinsames Zubereiten des "Opa-Spezial-Gemüsesalates" in der kleinen Wittenberger Küche und an seine unerschütterlichen Löckchen, die jedem Wind und Friseur trotzen.

Mein Vater liebt Tiere und die Natur, er sät, gräbt um, bewirtschaftet Erde und Gärten. Er interessiert sich für politische Geschehnisse, ist anderen Menschen und Kulturen gegenüber aufgeschlossen und spielt gestandene Anwälte beim Skat an die Wand- aber er ist KEIN Handwerker. Unser Weihnachtsbaum wurde in manchen Jahren mit Angelsehne am Fenstergriff befestigt, so dass er in neunzig Grad stehen konnte. Ich hege den Verdacht, er wäre in der Lage gewesen, den Baum aufrecht im Ständer zu platzieren, aber es gab für ihn andere Prioritäten.

Seinen Kindheits- und Jugendtraum konnte er leider nie verwirklichen. Zwar unterstützte er verschiedene Chöre mit seinem Bass und seinen schreienden Enkel wiegte er im Arm, sang russische, melodische Weisen, so dass dieser sich beruhigte und ihn staunend anblickte. Doch bis zum heutigen Tag kann er keine einzige Note lesen. Nein, er ist nicht perfekt - wie niemand von uns und er durfte dem Dirigenten leider nie die Hand schütteln. Doch im Leben einiger Menschen hat er sich auch ohne Geige in deren Herzen gespielt.

Sitten und Bräuche

Ich stehe auf der Bühne unserer Gaststätte dem Weihnachtsmann gegenüber. Er redet freundlich auf mich ein, hinter einer komischen Plastikmaske. Die Stimme kommt mir vage bekannt vor und dennoch beschleicht mich Angst. Das Publikum prustet los und biegt sich vor Lachen. Plötzlich steigen Tränen in mir auf. Ich kann sie nicht länger unterdrücken. Ich hasse das, wenn ich ausgelacht werde.

Viele Jahre später verstehe ich die Ironie dieser Situation. Der eigene Vater mimt den Weihnachtsmann und die Tochter weint vor Angst bei seinem Anblick. Dabei war es sicher auch die ungewohnte Aufmerksamkeit, die mir auf der Bühne zuteil wurde, als das Publikum seine Augen auf mich richtete.

In meiner Kindheit fand jedes Jahr in der Adventszeit dieses besondere Highlight in Naundorf statt. Grundsätzlich liebte ich dieses Fest, die Spannung, die mit Händen zu greifen war.

Gasthaus Müller erstrahlte zu diesem Anlass im Kerzenschein. Ein Weihnachtsbaum stand rechts neben der Bühne und verströmte eine heimelige, knisternde Atmosphäre. Groß und Klein pilgerte zu diesem Event, der jährlichen Weihnachtsfeier der Dorfgemeinschaft. Kinder rutschten unruhig auf ihren Stühlen hin und her. Wir alle erwarteten das Kommen des Weihnachtsmannes mit Rute und Körben voller Geschenke. Diese wurden alljährlich ausschließlich durch das Rezitieren von Gedichten oder das Vortragen von Liedern feierlich überreicht.

Als Auftakt führten die bereits älteren Dorfkinder ein Märchen auf. So im Rampenlicht zu stehen gehörte nie zu meinen Leidenschaften. Meistens ließ ich mir kleine Rollen zuteilen, um dem zu entgehen. In einem Jahr spielte ich bei der "Weihnachtsgans Auguste" den Onkel Eduard. Dieser musste nur einen Satz sagen und selbst der fiel mir vor lauter Aufregung nicht mehr ein. Die Theateraufführungen kosteten allen Beteiligten viel Zeit, Kraft und der Spielleiterin den letzten Nerv. Doch jedes Mal sprang die Begeisterung der Jungdarsteller auf das Publikum über, verlieh dieses gemeinsame, sicher unvollkommene Spiel, dem Abend etwas Feierliches. Zwischendurch stimmten die Zuschauer Weihnachtslieder an und irgendwann ertönte dann das laute, etwas gefürchtete Poltern an der Kneipentür.

Manche Kinder zuckten ängstlich zusammen, denn der Weihnachtsmann wirkte nicht wie heutzutage in amerikanischen Weihnachtsfilmen sanft und väterlich, sondern durch das Tragen einer starren, rotbackigen Plastik-Maske, eher gefühllos und furchteinflößend. In unserem Dorf wechselten sich die männlichen Bewohner ab beim Darstellen des Weihnachtsmannes. Für seine Rolle wurde er mit dickem Pelzmantel und Filzstiefeln ausstaffiert. Jeder kannte jeden in so einem winzigen Örtchen, deshalb musste der jeweilige Weihnachtsmann-Beauftragte, aus Schutz vor Wiedererkennung natürlich diese kalte Maske tragen. In dem Moment, wo er den Saal betrat, herrschte atemlose Stille unter den Zuschauern. Der Weihnachtsmann schritt respektvoll an den Stuhlreihen entlang, betrat die Stufen zur Bühne, wo er erst einmal kräftig mit der Rute wedelte. Dann las jemand die Namen auf den Geschenk-Päckchen vor, die in Wäschekörben gestapelt lagen. Ich erinnere mich noch genau an die freudige und zugleich etwas ängstliche Erwartung, das Kribbeln im Bauch- nur allein durch den herrlichen, verheißungsvollen Anblick auf den randvollen Wäschekorb. Dann spurteten die Kinder nacheinander auf die Bühne und beeilten sich, da sie sich danach sehnten, möglichst bald die Überraschung in den Händen halten zu dürfen. Doch bevor es dazu kam, erkundigte sich der Dorf-Weihnachtsmann grimmig, brummelnd nach dem Artigkeitsgrad der Kinder. Anschließend hüpften die Kinder fröhlich und erleichtert von der Bühne hinunter und flitzten mit den an ihren Körpern gepressten Geschenken zu ihren Stühlen.

Besonderes Gelächter machte sich breit, wenn für unsere Bürgermeisterin ebenfalls ein Päckchen beschriftet im Korb lag und auch sie genötigt wurde, ein Gedicht aufzusagen. Wenn ich die Augen schließe, sehe ich alles deutlich vor mir- die erwartungsvollen

Gesichter, die strahlenden Kinderaugen, die Aufregung hinter der Bühne, spüre die vibrierenden Holzdielen unter meinen Füßen.

Wann verlieren wir eigentlich auf dem Weg ins Erwachsenenleben diese alles umfassende Weihnachts-Vorfreude? Wann wechselt unser Empfinden, dass die Tage und Stunden bis Heiligabend nur so dahinkriechen, in das Gefühl des Gehetzt-und Getrieben-Seins, dass die Zeit bis Weihnachten stets zu kurz scheint?

Wohl jede Region pflegt irgendwelche Bräuche, die von Generation zu Generation weitergegeben werden. Ein solcher Brauch war "Patenhucke" in Naundorf. Am Ostersonntag und am ersten Januar besuchten wir Kinder unsere Paten. Für die traditionelle Patenhucke musste ich große Baumwollservietten mitnehmen. Ich besuchte so ausgerüstet meine gesamten Paten, die diese Servietten mit Süßigkeiten und kleinen Überraschungen füllten und daraus ein Bündel schnürten. Diese Tage waren für mich besonders ergiebig, da meine Eltern sage und schreibe zehn Paten an meine Seite gestellt hatten. Auch wenn nicht alle in Naundorf wohnten, so lebten dort genug, um eine Waschschüssel mit kleinen Schätzen zu füllen, die ich immer wieder voller Stolz und Freude betrachtete

Ein tierisches Highlight wurde in den Achtziger Jahren eingeführt. Regelmäßig zum ersten Mai rücken bis zum heutigen Tag, Bauern aus Nah und Fern an- aber nicht allein. Nein, mit Federvieh. Der Legende nach importierte mein Vater diese Idee aus Thüringen. Wo und wie genau, darüber sind sich meine Eltern nicht einig.

Zu diesem Anlass bringt jeder Bauer seinen krähenden Liebling in einem Käfig mit. Vor jeden Käfig postiert die Jury ein Kind mit Zettel. Nun zählt und notiert jedes Kind die "Kräher" . Nach einer Stunde steht der Gewinner fest- der Hahn mit den meisten Kikeriki-Rufen wird gekürt. Heinz Lehmann schickte zu dieser schwierigen Herausforderung seinen Zwerg-Hahn einmal nicht allein ins Rennen. Sein Hahn sollte sich geliebt und geborgen fühlen. Deshalb begleitete seine Zwerg-Henne ihn- mit dem Ergebnis, dass sein Liebling eine Stunde lang schwieg. Mein Vater verglich dieses Schweigen mit den Männern des Ortes, die sich im Gasthaus Müller, bei Anwesenheit ihrer Ehefrauen, ebenfalls in Schweigen hüllten.

Jedes Jahr Pfingsten fand ein Pfingstkonzert mit Biergarten und Musikern statt, die auf Blechblasinstrumenten volkstümliche Musik zum Besten gaben. Bei herrlichem Sonnenschein genossen nicht nur unsere Dorfbewohner das "Musikantenstadl-ähnliche" Highlight. Ich als Kind genoss diese Tage weniger, da zu viel Alkohol floss und ich die meisten

Erwachsenen kaum wiedererkannte. Zu diesen Pfingstkonzerten wurde der Grundstein dafür gelegt, dass ich jahrelang eine Abneigung gegen Blechblasinstrumente hegte. In meiner kindlichen Seele verknüpfte ich Alkohol mit Blechblasmusik

Jahr um Jahr wiederholten sich diese Dorf-Events und gaben mir eine gewisse Sicherheit- ähnlich einem Kindheitsritual. Wie das Winken meiner Mutter beim Abschied, wenn ich zum Schulbus ging, der Gute-Nacht-Kuss auf meine Stirn, das Vorlesen vor dem Schlafengehen oder wenn mein Vater uns von der Bettdecke rollte, hüllten mich diese Feste und Traditionen ein in ein Gefühl der Dazugehörigkeit und Geborgenheit.

Kindheits- Soundtrack

Im Küchenradio singt Michael Jackson "Billy Jean" und ich werde unwillkürlich zurückbefördert zu dem Tag, an dem ich mit Angela und einigen anderen Jugendlichen im Morgengrauen zum Petersbergtreffen, einem kirchlichen Jugendtag, reiste. Ich sehe mich in der Küche Brote auf den Herdplatten rösten und am Radioknopf drehen. Billy Jean, mein Lieblingslied, dann konnte der Tag nur gut werden. Dies war der Tag, an dem ich mich zum ersten Mal verliebte.

Meine erste musikalische Erinnerung ist "Adamo". Ich knie auf dem Fußboden und baue Dörfer, Städte mit meinen Holzbausteinen. Stundenlang kann ich mich damit beschäftigen, vertiefe mich in mein Bauen. Zwischen den Häusern stelle ich grüne, geschnitzte und gedrechselte Bäumchen, ab und zu einen Zaun, hinter dem ich wacklige, filigrane Tierchen platziere. An den kalten Wintertagen besuche ich nicht den Kindergarten, was mich nicht weiter stört, denn mir ist nie langweilig. Versonnen vergrößere ich mein Holzdorf...und Adamo singt....

Zum Sommerkindergarten gehen wir Kinder nur zu Erntezeiten. Wir balancieren auf Baumstämmen, werfen vorsichtig aufgeschnittene Löwenzahnhalme in Pfützen und staunen über das Zusammenkringeln.

100

Die Lieder "Wenn Mutti früh zur Arbeit geht, ..." oder `"Es war eine Mutter, die hatte vier Kinder" begleiten unsere Spaziergänge. Ausgespülte Senfbecher versorgen uns mit gesüßtem Pfefferminztee. Frau D., Tante Verena, liest uns während der Mittagspause vor und leckt beim Umblättern die Seiten an. Irgendwie finde ich das schick. Auf dem Spielplatz befindet sich ein ausgehobenes Loch, welches mit einer Plastikplane ausgelegt ist. Wir planschen fröhlich und Tante Verena singt mit uns : "Teddybär, Teddybär, hebt ein Bein..."

Irgendwann fahren wir nach Ost-Berlin und besuchen Tante Lieschen und Onkel Herrmann, die einen ungewöhnlichen Schallplattenspieler besitzen. Die Schallplatte dreht sich automatisch in der Luft, bevor die Musik erklingt. Meine Eltern nutzen diese Zeit für einen Stadtbummel und vertrauen mich den beiden, guten Gewissens, an. Sehnsüchtig sehe ich ihnen vom Hochhaus hinterher. Wahrscheinlich sind die beiden alten Herrschaften etwas überfordert mit dieser Aufgabe und wissen nicht mehr, wofür sich ein kleines Mädchen interessiert. Jedenfalls schicken sie mich kurzerhand rüber in die Nachbarwohnung, wo eine junge Familie wohnt. Diese empfängt mich freundlich. Im Hintergrund höre ich die Fanfare der Kinder-Sportsendung "Mach mit, mach's nach, mach's besser". Von jenem Tag an ist mir die-se Fernsehsendung verhasst und ich verbinde ein Gefühl der Verlassenheit mit dieser Fanfare.

In der Schule hören und singen wir andere Lieder, von irgendwelchen Moorsoldaten, von unserem Volk, das sich aus Ruinen erhebt- Lieder, deren Sinn sich mir nicht er-schließt. Im Schulchor üben wir "Unsere Heimat"- die klare Stimme des jungen B. erhebt sich über unsere Schulbaracke und ich lausche fasziniert. Irgendwann geht es ab ins Chorlager.

Unser Schlafsaal befindet sich in einem Schloss ähnlichen Haus mit Türmchen. Anfangs fühle ich mich allein, bis ich Freundschaft schließe mit Mädchen aus anderen Orten. Wir singen von Kornfeldern, die wie ein hoher Wald stehen und vom nicht aufzufindenden Esperdito. Wir albern herum und haben Spaß- vor allem außerhalb der Chorstunden.

Wieder einmal Urlaub auf Usedom, das Milch trinkende Männchen mit Strohhalm, das Logo der Molkerei Wittenberg, lächelt uns von einem Plakat aus an. In einem Bungalow, der nur durch Vorhänge zwei Zimmerchen für meine vierköpfige Familie bildet, verbringen wir sonnige Urlaubstage. Mit der Tochter unserer Bungalow-Nachbarn schließe ich Freundschaft. Wir begrüßen uns mit geheimen Klopfzeichen und beenden den Tag ebenso- von einer Wand zur anderen. Sie ist es, die beim Toben und Tauchen in der Ost-see "Deine Spuren im Sand" von Howard Carpendale voller Hingabe trällert. Wann auch immer ich dieses Lied höre, denke ich an diesen Urlaub zwischen Kinder- und Teenagerzeit.

Ich bin 12 Jahre alt und fahre mit dem Zug zur Kur nach Volkersdorf bei Dresden, in das Kinderkurheim mit dem bezeichnendem Namen "Frohe Zukunft". Im Vorfeld melde ich mich nun endgültig vom Akkordeon-Unterricht ab. Dieses Instrument mochte ich nie. Doch in Naundorf gab es nur Akkordeon- oder Akkordeon-Unterricht, so dass sich meine Eltern spontan für Akkordeon-Unterricht entschieden. Da ich nun vier "entscheidende" Wochen Akkordeon-Unterricht verpasse, nutze ich diese Chance, um meinem Leiden ein Ende zu bereiten und dem des Lehrers. Meine Mitstreiter/-innen und ich sind gern gesehene Gäste bei Seniorennachmittagen, wo regelmäßig in mir Hitze auf-steigt, meine Finger schwitzen und ich mich vor Aufregung verspiele.

Zurück zum Zug. Im Zug sitzt mir gegenüber ein 14jähriger Junge, der mich fragt, ob ich mein Englisch-Buch mitgenommen habe. Nicht zugeben wollend, dass ich noch gar keinen Englisch-Unterricht erhalte, verneine ich seine Frage. Diese vier Wochen, weg von zu Hause, tun mir erstaunlicherweise gut. Wir nächtigen in Zehn-Mann-Sälen, treiben Sport im nebelverhangenen Morgengrauen, wandern nach Dresden und Radebeul, bekommen kalte Waschungen nach Kneipp und müssen die Unterkünfte der Jungen benoten. Essen, was uns nicht schmeckt, sollen wir natürlich trotzdem verzehren. Ich erinnere mich aber an unter den Tischen weitergegebene Sülze und Erleichterung über meinen leeren Teller. Zu Geburtstagen erhält das jeweilige Jubelkind ein Ständchen- seltsamerweise sind es oft Lieder von dem damaligen Kinderstar aus dem Westen, Andrea Jürgens. Warum dies möglich ist im sozialistischen Arbeiter- und Bauernstaat, bleibt bis heute ein Geheimnis. Meine Bettnachbarin flüstert mir zu, dass ein Junge mit mir "gehen" will. Unschuldig und naiv frage ich sie, wie denn so etwas vonstatten geht, natürlich rein theoretisch. Von den anderen lerne ich den frechen Ohrwurm "Rosarote Ringelsöckchen und ein paar Boogie-Boogie-Schuh und lackierte Fingernägel, ja, das gehört dazu!", welcher von einer Teenager-Schwangerschaft handelt. Die Wochen vergehen wie im Flug. In diesem anderen Umfeld bin ich nicht unsicher und niemand bezeichnet mich als "Streber". Als meine Eltern mich etwas früher abholen, da Heinz, unser Nachbar, heiratet, bin ich wahnsinnig traurig.

Ein gewaltiges, kraftvolles Lied höre ich in der Kirche. Wenn Pfarrer N. Mit seiner imposanten Stimme "Ein feste Burg ist unser Gott" schmettert, spüre ich förmlich die Schutzmauern Gottes, die mich umgeben, so dass kein Feind über die Zugbrücke ins Innere der Burg gelangt.

Ein paar Jahre später hört Angela „Abba" besonders gern, seitdem sie mit Tom, dem ABBA-Fan liiert ist.

Irgendwann schleppt sie mich abends zu einem der wenigen Telefonanschlüsse, ins Gemeindebüro. Es ist etwas kühl- aber was tut man nicht alles für die Freundin. Sie ruft ihren Liebsten an. Da Musik alle Missverständnisse überwindet, hält sie den Telefonhörer an den Kassettenrekorder, wo vertraute Klänge der vier Schweden erklingen. Im Schwedenurlaub viele Jahre darauf, sehe ich eine Reportage über ABBA. Agneta, die blonde Schöne, sagt, und die Worte prägen sich in meinem Gedächtnis ein, dass es keine Nacht gibt, in der sie nicht von ABBA träumt. Ich kann sie verstehen. ABBAs Lieder sind DUR- Lieder und lösen Fröhlichkeit und Leichtigkeit aus. Diese Reaktion erlebe ich auch heute noch, sobald ich ihre Lieder höre.

Ines, meine Schwester, sitzt in ihrem Dachkämmerchen an ihrem Schreibtisch, auf dem ein Aufkleber oder Foto von Thomas Gottschalk, dem Radio-Moderator klemmt. An der winzigen Tür in ihrem Zimmer, die wiederum zu Kisten und unserem alten, weißen Korbkinderwagen führt, prangt ein Plakat von Gilbert O' Sullivan. Im Hintergrund läuft "Hiroshima", welches mich gefangen nimmt. Ich spüre die aufkommende Bedrohung, auch wenn ich bis dahin noch nichts von Hiroshima gehört habe. Eine düstere Atmosphäre macht sich breit- allein durch Musik

An den Wochenenden, ungefähr zur selben Zeit, fahren wir als Dorfjugend mit den Fahrrädern nach Gölsdorf zur Disco. Das Ende der Veranstaltung wird regelmäßig mit "On The Road Again" von Canned Heat eingeläutet. Ich erinnere mich aber vor allem an die gemeinsamen Touren zurück nach Naundorf und das Lied "Abendstille überall", das durch die einsamen Straßen erklingt.

Als angehende Krankenpflegeschülerin fahre ich im Morgengrauen mit dem Zug nach Dessau zur Schule. Meine noch wortkarge Krankenpflegeklasse hängt schlaftrunken im Abteil herum, bis auf M., der auf seiner Klampfe Herman van Veens „Trommler" zupft. Erst leise und dann immer mitreißender begleitet er sein Singen mit der Gitarre, mit dem Fuß wippend finden und unterstützen auch wir den Rhythmus. Ebenfalls während meiner Ausbildung im Krankenhaus besuche ich die Kantorei der Stadtkirche. Durch meinen aufreibungsvollen Akkordeon-Unterricht, einige Jahre zuvor, lernte ich zwar die Noten, singe aber mehr nach Gehör. Ich wandere in den verschiedenen Stimmlagen hin und her, bis ich endlich meinen Platz im Sopran ein-nehme. Der stimmgewaltige Bass positioniert sich direkt gegenüber vom Sopran und schmettert beim "Elias" sein: "Sind Blitze, sind Donner" in den Raum, der fast zu platzen scheint unter diesen Tönen. Mein Herz klopft schneller und ich erlebe Elias Ringen und Beten um Regen fast hautnah. Feierliche Spannung erfasst mich beim Stehen auf der Empore, in der völlig überfüllten Stadtkirche, wenn wir im Advent "Jauchzet, frohlocket!" aus dem " Weihnachts-Oratorium" anstimmen. Ich sehe mich mit ein paar Freundinnen auf dem Lutherhof stehen zum sogenannten "Madrigalabend" , wo wir uns herumalbernd, vor Lachen biegen und uns schließlich auf die kalten Steintreppen setzen, um unterzutauchen in dem riesigen Chor, da wir Kantor M. nicht verärgern wollen.

Techno löst Aggressionen in mir aus, volkstümliche Musik langweilt mich, bei Vivaldis "Vier Jahreszeiten" überkommt mich ein Stück Wehmut und bei den Chorälen der Matthäus- Passion schießen mir die Tränen in die Augen. Man stelle sich die Verfilmung vom "Weißen Hai" ohne den Sound-track vor- wir würden verpassen, wenn das Raubtier sich nähert und vor dem Fernseher einschlafen. Während meiner sechsjährigen Tätigkeit auf einer Demenzstation sah ich Menschen mit leerem Blick, ihrer Erinnerungen beraubt, vor sich hin dämmern. Alte Volkslieder zeigten aber eine erstaunliche Wirkung. Für einen winzigen Augenblick erlebten die demenziell Erkrankten ein Erwachen in der Gegen-wart. Leise, kaum wahrnehmbar, hörte ich verblüfft ein Summen dieser Menschen.

Einem Soundtrack gleich verbinden mich Lieder mit bestimmten Stationen meines Lebens, genügt eine kleine Melodie, um längst vergessen geglaubte Gefühle heraufzubeschwören. Es scheint, als ob durch Musik kleine Verbindungstüren in unserem Gehirn zu unserer Vergangenheit geöffnet werden. Neuro-Wissenschaftler könnten dies jetzt alles biologisch und wissenschaftlich korrekt erläutern. Für mich ist und bleibt es ein Wunder.

Nachbarn und Besuche

Ich bin in meiner alten Heimat unterwegs, laufe durch das Unterdorf, meine kleine Tochter Rahel auf dem Arm. Eine winzige, mir bekannte Frau kommt in flinken Schritten auf uns zu und begrüßt uns mit ihrer freundlichen, forschen Art und fragt nach dem Namen meines Babys. Schroff und ge-rade heraus antwortet sie im Hinblick auf die biblische Namensschwester-Schönheit: "Na, du musst erst eine Rahel werden!" Mein Mutterinstinkt ist geweckt und ich lege schützend die Arme um mein fast kahlköpfiges Kind. Wie kann sie nur!!!

Fräulein Schmidt wohnte uns schräg gegenüber. Sie war eine drahtige, kleine Person mit starkem Durchsetzungs-vermögen, trotz ihrer winzigen Körpergröße. Dieses Durch-setzungsvermögen musste sie auch besitzen, denn sie unterrichtete uns Naundorfer Kinder in Christenlehre. Während dieses Zusammenseins zückte sie ein kleines Büchlein, in das sie unsere Noten für das Auswendiglernen von Bibel- und Liedversen notierte. Unsere Gruppe bestand in meinem Jahrgang aus nur einer kleinen Schar und sie bevorzugte in ihren Unterweisungen das Buch "Das Wort läuft".

Außerdem studierte sie in jedem Jahr ein kurzes Krippen-spiel mit uns ein. Ich sehe in Gedanken den kalten Atem, der in winzigen Wölkchen aus meinem Mund schwebt, bei den Stellproben in unserer kleinen Kirche.

In der Adventszeit lud sie uns Kinder jährlich zu sich ein, um ihre wunderschöne Ton-Krippe aus dem Oberlinhaus in Potsdam zu bewundern, Strohsterne zu basteln und andächtig über die Geburt vom Jesuskind nachzudenken. Ihr Wohnraum wirkte spartanisch und praktisch eingerichtet und der Linoleum-Boden federte unsere Schritte ab. Ihr Glaube war nicht schwärmerisch, eher handfest und logisch begründet. Wenn bei Lehmanns Besuch aus dem "goldenen Westen" anreiste, zockten wir stundenlang an dem großen Holztisch bei Fräulein Schmidt Pullock, ein uraltes Buchstabenspiel. Zu dem Westbesuch gehörte unter anderem ein Junge, den Fräulein Schmidt besonders in ihr Herz geschlossen hatte. Wir ertappten sie regelmäßig dabei, wie sie ihm unter dem Tisch die fehlenden Buchstaben für das Spiel zukommen ließ, was in uns lautstarke Proteste auslöste.

Hartmanns wohnten links von uns. Wenn ich von der Schule nach Hause lief, sah ich die Oma des Hauses, mich neugierig hinter der Gardine beobachten. Diese Heimlichkeit fand ich lustig. So grüßte ich sie laut und rief: "Guten Tag, Frau S.!" Vor Schreck trat sie einen Schritt zurück und ich musste schmunzeln.

Tante Grethe und Onkel Erich wohnten rechts von unserem Haus, genau am Dorfteich. Durch ihren Garten führte ein kleiner Bach, der eine direkte Verbindung zum Dorfteich besaß. Diesen kleinen zugefrorenen Seeweg nutzten wir ab und zu mit unseren Schlittschuhen. Eiskristalle unter unseren Kufen und mit roten Nasen fuhren wir dort entlang und gelangten an die Rückseite unserer Gärten und zur Straße, die aus Naundorf führte. In der Ferne sah man Bolzes Müh-le, die leider keine Flügel mehr besaß. Ich stellte es mir ungemein romantisch vor, direkt in dem runden Gemäuer zu wohnen. Mäuse, die in solchen Mühlen gern herumhuschten, blendete ich in diesen Momenten aus. Fast am Orts-ausgang wohnte Palli mit seiner Familie, u.a. mit Tante Hedwig. Opa schickte ich dorthin, wenn ich mal wieder Angina hatte. Telefon gab es nur „homöopathisch dosiert" und WhatsApp erst recht nicht, so dass mir Opa per pedes meine Hausaufgaben besorgte, schlicht und einfach auf einem Zettel notiert. Opa genoss diese Aufträge, da er bei Tante Hedwig Informationen und Kaffee tanken konnte. Auf der anderen Seite vom Teich wohnte Familie Andreas, die ihre längst erwachsene Tochter immer noch mit dem kindlichen Kosenamen "Püppi" riefen. Damals fand ich das lustig, heute rufe ich meine Kinder selbst mit zig verschiedenen Namen- je nach Stimmung. In unserer Straße wohnten, außer den benannten Familien, noch Brabandts und Donepps. Vor ein paar Jahren las ich beim Durchreisen Belgiens in großen Buchstaben "Brabant" auf einem Schild. Vielleicht erinnerte der Name Brabandt noch an unsere Ururururahnen, die vor hunderten von Jahren sich aus Flamen, im heutigen Belgien , mit Planwagen und zu Fuß auf den Weg machten und sich unter anderem in Naundorf ansiedelten?

Prinzipiell kannte jeder jeden aber zu unseren unmittelbaren Nachbarn pflegten wir näheren Kontakt- zu Lehmanns sowieso. Die Armen, wenn sie Besuch aus dem „goldenen Westen" oder aus dem fernen Frankreich von einem früheren Kriegsgefangenen erhielten, stand ich schon bei der Begrüßung neben dem Auto. Ich bewunderte mit Lehmanns das komfortable Inventar des französischen Gefährts mit eingebautem Kühlschrank und lauschte sehnsüchtig dieser fremden Sprache. Als die Enkeltöchter des ehemaligen Dorfschullehrers aus Westdeutschland anreisten, verfolgte ich ihre Darbietung von "Lady Bam" aus nächster Nähe. Wenn Hannchen, meine Patentante, mit Familie durch das Tor fuhr, lunschte ich als eine der Ersten in den Kinderwagen.

Als Heinz heiratete, lernte ich Kristina aus Hessen kennen, mit der mich jahrelang eine Brieffreundschaft verband. Sie schickte mir Post mit Konfetti und Helau und reiste in den Ferien ab und zu nach Naun-

dorf. Wir spielten die Tagesschau nach, die wir abwechselnd moderierten, wobei ihre Schwester
Susanne den " Wetterbericht" übernahm. Sie kündig-
te in ihrem Part sogar das Erscheinen eines Regen-
bogens an, was ich ziemlich originell fand.

Kristina berichtete von kriminellen Taten in unserem
Dorf, dass Bauer Lehmann beim Güllefahren eine
Kugel ins Bein geschossen wurde. Dies alles verfolgte
Opa hochkonzentriert aus einer Ecke des Zimmers
wie ein erwartungsvolles Kind. Da sonst in Naundorf
der Alltag eher gemächlich verlief, verschafften wir
ihm etwas Abwechslung. Manchmal interviewten wir
ihn zu diversen Geschehnissen. Er durfte live dabei
sein und kommentierte unsere Darbietungen in
"Naundorfer Platt". Otto, einer der Lehmann-Söhne,
lebte mit Frau und Kind in Leipzig. In den Ferien
nahmen sie mich in einem Jahr kurzerhand mit in die
sächsische Hochburg. Ich erinnere mich an Salaman-
der-Comics, die ich regelrecht verschlang, an Ottos
Schwiegermutter, die mir "Ei-Aufschlagen" nach
Knigge erläuterte und an das Sommerhaus in Bucha,
vor dem unzählige, knirschende Kieselsteine lagen,
aus denen ich Muster legte.

Menschen kamen nach Naundorf und manche gingen
wieder. Als „Püppi" ihren Freund mitbrachte, nahm
die gesamte Nachbarschaft Anteil und unterzog den
Anwärter einer Tauglichkeitsprüfung, und als der
"alte Gastwirt" aus Naundorf wegzog, trauerte das

Unterdorf- besonders mein Opa, der nun einen Kumpel weniger auf seiner geliebten Lügenbank-Selbsthilfegruppe traf.

Irgendwann besuchte uns Tante Inge aus Magdeburg mit ihrem Sohn Ecki. Tante Inge war eine gebildete Frau. Bei einem unserer Besuche stand ich staunend vor ihrem riesigen Bücherregal. Bis zu diesem Zeitpunkt hatte ich noch nie so viele Bücher auf einen Schlag gesehen. Die Ausstattung unserer Mini-Bibliothek in Naundorf bestand lediglich aus einem einzigen Bücherregal und wurde von Helmi, einer freundlichen Frau, deren Bewegungen durch Kinderlähmung etwas eingeschränkt waren, geführt.

Eckhardt, genannt Ecki, wirkte äußerlich erwachsen, besaß aber das Herz und den Verstand eines Kindes. Ich sehe mich noch, wie ich die Dorfstraße mit ihm Hand in Hand entlang laufe- auf den ersten Blick ein Erwachsener mit einem bezopften, kleinen Mädchen an der Hand. Auf den zweiten Blick aber ein Kind mit einem behinderten, großen Mann. Ecki sagte meistens nur "Ecki ii", wobei seine Zähne hart aufeinander schlugen. Fasziniert von seiner Andersartigkeit machte mir das aber seltsamerweise nichts aus. Ich fühlte mich erwachsen und navigierte den jungen, behinderten Mann durch das halbe Dorf.

Einige Male im Jahr besuchte uns Tante Eva aus Ostberlin mit Mann und Tochter Marion, einer kessen Blondine mit Zahnlücke, die mich ein wenig an die

Frontsängerin der Band "Pussycat" erinnerte und neben der wir uns so richtig provinziell fühlten. Tante Eva berlinerte, was das Zeug hielt und füllte mit ihrer Präsenz jeden Raum aus. Da sie viel Verwandtschaft in West-Berlin besaß, trug Marion ausschließlich "fetzige" Westklamotten, die ich zeitversetzt zum Teil abtragen durfte, was wiederum unbeabsichtigt zur Folge hatte, dass ich Neider fand.

"Tante" Irmgard lernte meine Mutter während eines Krankenhausaufenthaltes kennen. Zu dieser verwitweten, alten Dame entwickelte ich so etwas Ähnliches wie Oma-Gefühle. Wenn wir bei ihr in Wittenberg, in ihrer kleinen Wohnung einkehrten, las sie mir aus einem fast antiquarischen Buch vor, in dem winzige Engel eingezeichnet waren und von dem aufregenden Leben der Flügelfiguren im Himmel berichtete . Außerdem lernte ich von ihr, was eine junge Dame tat und was nicht. Oft kauften wir beim Bäcker in ihrer Nähe Brötchen, bevor wir uns dann kurze Zeit später auf gemütlichen, schweren Polstersesseln niederließen und uns selbstgemachte Schwarze-Johannisbeer-Marmelade mit einem wunderbar herben Geschmack auf der Zunge zergehen ließen.
Ein Ort, der nach Pfefferminztee duftete und zu dem wir in gewissen Abständen pilgerten, war das Gehöft in Rahnsdorf, wo Tante Anna und Onkel Paul wohnten, Muttis naheste Verwandte. Tante Anna war die Schwester meines Opas und Onkel Paul der Bruder meiner Oma mütterlicherseits. Ich glaube, da die

Eltern meiner Mutter früh verstarben, besuchte Mutti die beiden in Rahnsdorf besonders gern. Vielleicht spürte sie dort eine gewisse Nähe zu ihren Eltern. Tante Anna trug die Haare hochgesteckt zu einem Dutt, wie damals üblich. Mit ihrer speziellen Tante-Anna-Herzlichkeit hieß sie uns willkommen und drückte uns an sich. Onkel Paul machte nicht viele Worte, lächelte uns aber bei der Begrüßung freundlich zu.

Mit sauren Gurken, Schnittchen und dem legendären Pfefferminztee versorgt, quetschten wir uns manchmal mit ihren Enkelkindern, die auch gerade zu Besuch waren oder ihre Ferien dort verbrachten, in ein kleines Zimmer, wo ein kleiner Fernseher stand. In den Ferien besuchte uns in einem Jahr Tante Annas Enkeltochter Katharina, die mit ihrer Familie im sogenannten "Tal der Ahnungslosen", in Dresden lebte. Ahnungslose Dresdner empfingen nur Ost-Fernsehen mit ihrer Antenne. Als Kathi uns besuchte, saugte sie die farbenfrohen Bilder des Westfernsehens, mitsamt Werbung, regelrecht in sich auf. Da im Gästezimmer ebenfalls ein Fernseher stand, flimmerte schon am Morgen Tilli mit den Spülhänden über den Bildschirm. Wochen später erhielt ich einen Brief von ihr. Ich öffnete den Umschlag und sah eine dicke, fett gemalte Orange, über der in großen Buchstaben "Jaffa, Jaffa, ja fantastisch!" zu lesen stand. Womit wieder einmal die Wirkung von Werbung bewiesen war.

In unserem Haus Nummer 7 stand die Haustür, sinnbildlich gesehen, für jedermann offen. Meine Mutter fasste es kürzlich mit folgenden Worten zusammen: "Ich hatte immer zu rühren!" Diese offenen Türen und die gelebte Gastfreundschaft haben mich unbewusst geprägt und mein Interesse an anderen Menschen und Kulturen gefördert.

Einige Jahre lang nutzte ich die mehrwöchige Abwesenheit meines Mannes, um Freundinnen mit ihrem Nachwuchs einzuladen. Die Kita meiner Kinder sortierte damals winzige Stühle und Tische aus, die ich für diese Besuche nutzte. In "Hoch-Zeiten" quetschten sich acht bis zehn Kinder in das Domizil der Kids. Irgendwann kehrte auch dort Stille ein und meine Freundin und ich durchschritten die Reihen, steckten Bettdecken fest und streichelten über friedlich aussehende Kindergesichter.

Unsere fünf Dom-Kantoren-Nachbarskinder gingen bei uns ein und aus, wenn Konzerte oder andere musikalische Festivitäten stattfanden. Zeitweise unterzog ich sie schon der abendlichen Reinigungszeremonie, bevor die geschafften Eltern sie in ihr Haus holten. Die 12-15 Mitglieder der Theatergruppe meines Mannes nächtigten in regelmäßigen Abständen in unserem Haus, profitierten von unseren Büchern und erhielten bei diversen Erkrankungen zwischen den Entspannungsübungen, manchmal noch auf dem

Fußboden liegend, ihre Medizin mit Löffel in den Hals geschoben.

Ich mag auch heute noch, wenn Freunde und Bekannte erwartet oder unverhofft vor der Tür stehen, wenn die Gästebetten belegt sind und ich an Freuden und Sorgen Anteil haben darf. Gäste und Besucher reißen mich aus meinem Alltagstrott, helfen mir, innezuhalten, verschaffen mir im größten Stress eine Tasse Kaffee und einen Blick über den sogenannten Tellerrand.

Dank

Ich danke zu allererst meiner Familie, die mit einer schreibenden Mutter und Ehefrau konfrontiert wurde, die des Öfteren gedankenverloren in anderen Sphären schwebte.

Danke an Lucy und Andreas Seelbach, die mich tatkräftig bei diesem Buchprojekt unterstützten, insbesondere Andreas, der das Layout entwarf.

Danke an Anka Staroste, die auf Norderney meine Texte als Lektorin überarbeitete.

Danke an Ulrike Gawande, die ihre journalistische Erfahrung einfließen ließ.

Danke an Heinz Lehmann, der durch alte Filmaufnahmen einen Erinnerungsstrom in Gang setzte

Danke an Freunde, Bekannte und Verwandte, die mich ermutigten, anspornten und konstruktiv kritisierten.